LE LONG

DE LA VIE

NOUVELLES IMPRESSIONS D'UNE FEMME

PAR

Mme A.-M. BLANCHECOTTE

PARIS

LIBRAIRIE ACADÉMIQUE

DIDIER ET Cie, LIBRAIRES-ÉDITEURS.

35, QUAI DES AUGUSTINS, 35

LE LONG DE LA VIE

AUTRES OUVRAGES DU MÊME AUTEUR

Rêves et Réalités, poésies couronnées par l'Académie française (3ᵉ édition), 1 vol. .... 3 fr. »

Impressions d'une femme. Pensées, sentiments et portraits (couronné par l'Académie française), 1 vol. .... 3 fr. »

Tablettes d'une femme pendant la Commune, 1 vol. ...:... 3 fr. 50

Les Militantes, poésies, 1 vol., ALPH. LEMERRE .... 3 fr. »

Paris. — Imp. Viéville et Capiomont, rue des Poitevins, 6.

LE LONG

DE LA VIE

NOUVELLES IMPRESSIONS D'UNE FEMME

PAR

Mᵐᵉ A.-M. BLANCHECOTTE

PARIS

LIBRAIRIE ACADÉMIQUE

DIDIER ET Cⁱᵉ, LIBRAIRES-ÉDITEURS

35, QUAI DES AUGUSTINS, 35

—

1875

PRÉFACE

Ceci n'est pas un livre, dans le sens littéraire et déterminé qu'on attache à une œuvre écrite. L'auteur *soussignée* ne s'est préoccupée ni de plan ni de cadre, et revendique d'avance le privilége des circonstances atténuantes. Les pages qu'on va lire, mosaïque d'observations, de faits réels et de pensées, ont été suggérées par la vie, et ce sont les uns et les autres, acteurs vivants au grand théâtre de ce monde, qui nous ont fourni des scènes et des figures. Tel un voyageur regarde, prend des notes, dessine un paysage, et relie entre elles plus tard, pour le bénéfice de ceux qui viendront, ses impressions sur les plus beaux sites et sur les hôtelleries où il convient le mieux de s'arrêter.

L'homme est un voyageur en route pour le pays d'Éternité; il n'est pas indifférent de lui signaler les stations les plus sûres, les campements les meilleurs, et surtout de lui indiquer les passages dangereux, décevants ou terribles

a

qu'il nous faut éviter à travers les chemins terrestres.

Loin de nous la pensée d'une prédication, d'un sermon ou d'une conférence. Ceci appartient à l'Église et à l'enseignement. Il nous conviendrait peu d'usurper leur chaire, et d'oser — fût-ce de très-loin — nous ériger en censeur ou réformateur des autres.

Tout au plus, dans cette communauté de maux, de peines, de défaillances, de doutes, d'erreurs, d'inquiétudes, de ténèbres, à travers lesquels nous tâtonnons tous et toutes, qui marchons dans la nuit en rêvant la lumière, tout au plus, dis-je, pouvons-nous hasarder humblement des conseils à voix basse.

Il n'est donc nullement question ici de science ou de doctrine; il s'agit tout simplement pour chacun, s'il est possible, d'être un peu moins malheureux par sa faute, ou un peu plus heureux par sa volonté, sa bonté de cœur et son courage.

On ne peut pas toujours remédier à sa destinée; on peut toujours l'aggraver et l'empirer. Il ne faut pas l'aggraver et l'empirer.

Un des symptômes les plus douloureux que présente dans les foules l'esprit découragé du siècle, est l'épidémie de suicide relatée journellement par les feuilles publiques. L'absence de foi, l'avidité sèche des jouissances, l'ambition et la misère de l'égoïsme âpre et trompé, toutes ces surexcitations et déceptions du matérialisme contemporain aboutissent au suicide immanquable de la conscience; et le suicide physique n'est que la conséquence trop logique de cet affreux suicide moral.

Combien il serait urgent de relever et raffermir les âmes !

Je n'ai pas besoin de dire — on le verra de reste — que je n'ai rien emprunté (à mon grand regret !) à l'étude ni aux livres. Mes maîtres ont été les vicissitudes quotidiennes; je n'ai lu qu'à travers les visages, et n'ai pensé qu'à travers ma pensée. Mais j'ai vu tant de malentendus amener fatalement tant de mécomptes, j'ai vu autour de moi tant de tristesses qui, avec un peu de prévoyance, eussent été facilement détournées, j'ai vu tant de faux calculs, que j'ai songé tout haut mes interminables songeries intérieures.

De là ces pages affirmatives, notées au jour le jour par un esprit à l'écart en ce monde, et pour qui le loisir des minutes est parcimonieusement mesuré dans la tâche de la vie. De nature attentive, il n'a pu échapper à la stupéfaction que lui donne, si souvent! le spectacle des choses; et, de mon coin solitaire, j'ai voulu dire à nos compagnons, à ceux d'entre nous qui s'établissent ici-bas comme s'ils devaient y demeurer toujours : « La patrie est ailleurs; « vous possédez de vrais biens que vous né- « gligez, et vous vous précipitez dans des plai- « sirs qui n'en sont pas.... »

Nous sommes tous ainsi faits, hélas! Mais nous devons ouvrir les yeux sur nos intérêts *vrais*. Suivie avec intelligence, la route de la vie a d'admirables paysages; Dieu ne s'est pas moqué des créatures; dès ici-bas nous pouvons être très-heureux; nous pouvons dès ici-bas savourer la pleine joie d'une conscience bien portante; mais c'est à condition de ne pas demander aux choses matérielles, grossières, inférieures ce que peuvent nous donner seulement les choses belles, hautes, souverainement douces, bienfaisantes et salubres de notre nature supérieure, faite pour le bien, pour le beau, pour le vrai, en plein épanouissement de bonté, de contentement, de clarté, de tendresse et d'amour.

A.-M. BLANCHECOTTE.

Paris, le 15 décembre 1875.

ACTION ET COURAGE

ACTION ET COURAGE

———

Ta pensée, aux ailes déployées, doit ressembler à un beau navire fendant avec majesté les flots orageux et terribles. L'océan humain monte et gronde : va, penseur impassible. La tempête, les brumes amoncelées, les ténèbres, mille conflits d'épouvante et d'erreur assaillent l'espace tourmenté; va tranquille, va résolu, va pacifique au travers des brumes, des ténèbres, des clameurs; va confiant où l'étoile du salut te conduit; va tout droit sur l'abîme, ô penseur lumineux, va sur les vagues, va au port !

☆

Cet esprit, placé dans la vie comme une sentinelle sur le cap avancé d'un précipice, doit crier gare à tous les imprudents qui s'aventurent au bord de l'abîme et qui, d'un faux pas, peuvent périr. Ce n'est pas indifféremment qu'on vit et qu'on meurt. Celui qui a ordonné l'échiquier du monde n'a point commis d'inadvertance. Il est des soldats de la pensée que Dieu lui-même a posés à leur poste de combat. Ces soldats de la pensée ont reçu une mission. Honte à eux si, pusillanimes, ils se taisent; honte à eux si, en face de l'ennemi, ils désertent. Où tu es, tu dois agir. Dans le péril ou dans la mort, qu'importe? tu dois agir. Soldat placé par Dieu, commissionné par Dieu, soldat de Dieu, fais ton devoir.

☆

Dans la vie morale comme dans la vie physique les faibles doivent périr. C'est la loi de la nature impérieuse que rien n'arrête dans son action constante.

Soyez donc forts, vous les maîtres prédestinés à vivre. Que tout dans votre main soit arme de combat; que tous les événements soient vos sujets très-humbles. Et, au-dessus des pitoyables convoitises de ce monde, que des deux ailes votre pensée s'élève et plane!

☆

Celui qui a la volonté a le pouvoir.

☆

Combien d'individus, bonnes gens du reste et moralistes à leurs heures, n'ont, en matière de conscience, que la forfanterie du courage! Ils défient le danger.... lointain; ils guerroient leurs passions.... absentes; ils terrassent un ennemi.... envolé. Mais que la passion reparaisse grondante, exigeante, impérieuse et dominatrice, voilà tous mes héros de sabre de bois et de fusil de paille absolument sans force et sans défense; les résolutions, belles fleurs de rhétorique, ont fui; plus un vestige de volonté, pas un atome de résistance. Tout au plus, succombant avec honte, sous l'attrait désastreux du plaisir, se promettent-ils à l'occasion nouvelle d'être plus vaillants et moins lâches, de moins céder à la surprise, de combattre le vrai combat, de gagner enfin la victoire.

Bonnes gens si nombreux, et, je dois le dire, si sincères, sachez bien que la vertu n'est pas l'impuissance ni l'indifférence; ce n'est point la lassitude ni l'usure de la vie; c'est le combat réel, face à face avec le péril; c'est le triomphe difficile et douloureux sur soi aux heures suprêmes des tentations du cœur, quand le meilleur de nous-même est aux prises avec l'ennemi intime, séduisant, entraînant, qui, pour une minute de négligence, ne demande qu'à précipiter nos âmes dans l'abîme sans fond du malheur.

☆

L'étude de la vie est une science; la pratique de la vie est un art.

☆

Tout prendre au sérieux; ne rien prendre au tragique.

☆

Ceux-ci regardent les événements avec des lunettes bleues; ceux-là prennent des lunettes vertes; — toi, regarde... par-dessus tes lunettes, avec de clairs yeux qui n'admettent ni les verres d'emprunt, ni l'adoucissement ou le compromis des couleurs.

☆

O vérité! dans ma conscience fais ton ouvrage! O vérité! dans mon esprit fais ton ouvrage! O vérité! dans mon cœur, quelque douloureux que ce soit, fais ton ouvrage!

☆

Résolution : Aimer selon toute sa mesure. Penser selon toute sa mesure. Écrire selon toute sa mesure.

☆

Célébrer le Beau.
Représenter le Beau.
Faire aimer le Beau.

☆

Penser de belles choses, faire de bonnes choses : tel doit être le but de la vie. Je dis le but, le seul but.

☆

Il n'y a point, à proprement parler, de circonstances favorables ou défavorables pour la pensée. Toutes les circonstances sont favorables — inégalement — il est vrai. Je m'explique et j'insiste. Toutes les circonstances — au point de vue de l'observation et de la réflexion — sont favorables, parce que toutes sont utiles, parce que toutes concourent à l'appropriation et au développement de la clairvoyance morale, notre but incessant et final. Celui-là n'a aucune valeur véritable qui attend des circonstances extérieures le prix du marché de la vie ;

les circonstances, quelles qu'elles soient : étroites, dures, ironiques, prosaïques, oppressives, doivent s'accommoder à l'individu. Il les pétrit, il les façonne, il les assouplit, il les dirige : ne pouvant les échanger, il les transforme, il en fait son butin; et de rebelles qu'elles semblaient être, elles deviennent — s'il vous plaît — ses très-humbles alliées et sujettes, ses coursiers dociles et agiles.

> « Il aura beau gronder, il faudra qu'il me porte ;
> Si mon coursier s'abat, j'y mettrai l'éperon. »

☆

Ne jamais se préoccuper de ce qui — au premier abord — paraît impossible. Quand la volonté se montre inflexible, les choses deviennent élastiques, nécessairement, naturellement.

☆

« Vous avez le devoir, vous devez donc trouver a force. »

Je détache cette ligne, qui pourrait servir d'épigraphe à toute vie, d'un très-beau livre fièrement pensé [1].

---

1. *Les Soirées de la Villa des Jasmins*, par Mme la marquise de Blocqueville.

☆

Tu dis toujours : je n'ai pas le temps de faire telle chose.

Prends-le.

Celui qui devra un jour prendre le temps de mourir doit — pendant qu'il vit — prendre le temps de vivre : c'est-à-dire à l'heure voulue doit faire la chose précise et nécessaire.

Courir toujours après soi est œuvre de fou; la vie d'un sage ne comporte ni précipitation, ni lenteur. A l'heure sonnante du devoir elle accomplit posément et tranquillement le devoir.

☆

Je prends aujourd'hui fièrement
Le commandement de moi-même :
Les choses immuablement,
— Malgré leur tyrannie extrême, —
Les choses seront désormais
Mes humbles, très-humbles sujettes.
Plus de défaillances jamais,
D'incertitudes inquiètes !
Où je veux atteindre j'irai
A travers le vent, l'effroi, l'ombre;
S'il faut périr je périrai
Debout sur mon navire sombre !

☆

On n'a jamais autant à faire que lorsque l'on n'a

1.

rien à faire, appartenant dans ce dernier cas à
toutes les sollicitations du dehors, toutes les impor-
tunités et les indiscrétions du monde. Un travail
unique, bien déterminé, bien concluant vous dis-
pense de toute obligation extérieure, vous sauve de
toute invasion étrangère, vous débarrasse de tout
souci de refus, de toute diplomatie de bien-vivre et
de politesse pour échapper aux servitudes envahis-
santes du monde.

☆

Ce n'est pas posséder une chose que de ne rien
faire de cette chose. Celui-là qui ne fait rien de son
temps n'est pas plus avancé que celui qui n'a pas à
soi une minute. Oui, celui-là seul est vraiment riche
qui fait un usage intelligent de sa fortune. Quel
lieu commun que de s'imaginer — comme on fait
tous les jours — que ceux qui n'ont rien à faire
pour gagner leur vie ont plus de temps que ceux-
là qui travaillent !

Puisqu'ils ne font aucun usage de leurs loisirs, en
vérité, cela compte-t-il ? Je vais plus loin. Plus vous
êtes pauvre de loisirs et d'heures, plus vous capita-
lisez vos instants. N'ayant pas le droit de rien perdre, vous distribuez rigoureusement votre journée ;
et la discipline du travail, ce tonique de l'esprit et

du cœur, vous procure çà et là des trouvailles de quarts d'heure inspirés et délicieux.

☆

Je serais en présence du tonnerre prêt à me fou-droyer, d'un monument branlant prêt à m'écraser, d'un câble prêt à m'étrangler, d'un flot prêt à m'en-gloutir, je dirais : Tonnerre, ruine, câble, flot, sois mon associé, sois mon sauveur, non mon bour-reau ; et de ces effrayants destructeurs je ferais d'ar-dents auxiliaires. Ainsi ai-je essayé de faire avec la douleur. Montée sur cet échafaud de mes peines j'ai commandé la manœuvre de mes ennemis ; et, Dieu soit loué ! j'ai triomphé.

☆

La douleur est la moelle des lions. C'est le pain des braves et le vin des forts. Quel aiguillon que la douleur ! La douleur va bêcher jusqu'au fond de l'âme les ressources de la volonté, et ramène à la surface le parfait courage, cette fleur de l'abîme et du désespoir. Quand l'individu humain a cessé de croire dans les autres, il faut pourtant bien qu'il s'appuie en lui ; et cet appui-là ne le déçoit pas ; il le veut ferme, il le veut fort. Tout à l'heure terrassé l'individu humain se relève ferme, se relève fort.

☆

Ce n'est pas en temps de paix que le soldat témoigne son courage. C'est en temps de guerre, c'est dans le combat et la mêlée ; c'est sous la pluie des balles et le sifflement des obus qu'il applique avec résolution et sang-froid la mâle précision de sa bravoure, de son énergie et de sa volonté.

☆

Je copie encore cette pensée du livre que j'ai déjà cité [1] : « Qu'importent la douleur et la lutte à celui qui veut atteindre au sommet de son être ? »

☆

Général ! c'est toujours pour toi la bataille ! Soldat ! c'est toujours pour toi la mêlée ! Jacob ! c'est toujours pour toi le rude combat de l'ange et du glaive !

Fortifie tes places menacées, général ! — Rassemble jusqu'à l'héroïsme indomptable tes forces de bravoure et de vaillance, ô soldat ! Jacob, Jacob, tu dois être vainqueur ! Tes dures résistances à la vie et à l'impitoyable douleur doivent se soumettre et fléchir : seule doit rester debout, égale de l'ange

1. *Les Soirées de la Villa des Jasmins.*

et du glaive, ta fière soumission impassible, ta volonté de te dompter et te survivre !

☆

Sonner la charge du courage. Invariablement la
pensée sonne ici la charge du devoir, de la tâche,
du travail. Et j'entends en moi des airs de bravoure, et j'entends des airs de triomphe qui, toujours, toujours et toujours, clairon et fanfare militaires, me répètent : A l'action ! A l'œuvre ! A
l'assaut ! sans tiédeur ni faiblesse !

☆

— Je ne connais pas la défaite —
Dis-toi donc ce mot-là à toi-même, ô cœur obstiné ! Tu la connais trop, la défaite ! Hélas ! les
passions — tes ennemies — te traitent en général
redoutable, extraordinaire ; ô géant de la Douleur,
sois vainqueur de leurs coups serrés, extermine-les
en te dressant toi-même plus grand, plus imposant
et invincible que leurs forces coalisées.

☆

La peine vous paralyse, la peine vous immobi-
lise : donc, vous devez secouer votre peine. Car,
entendez-le bien, il faut marcher ce peu de vie qui
est vôtre, il faut marcher droit et ferme,

☆

Chaque fois que j'apprends du mal dit de moi et que je suis oppressée et comprimée, c'est un coup d'éperon pour mon travail, un coup de fouet pour ma pensée.

☆

Celui qui, de situation difficile, attendrait pour penser et agir que sa route se fût déblayée, que sa vie devînt nette et libre, ressemblerait à un provincial qui, devant traverser en plein après-midi nos boulevards parisiens, attendrait pour se décider que de nulle part, devant, derrière, à droite, à gauche, aucune voiture ne parût plus de très-loin à l'horizon.

☆

C'est de chute en chute, puis d'effort en effort, de volonté en volonté que l'on marche et que l'on procède dans la vie. Vivre, c'est — pour les meilleurs — tomber, se relever, retomber, puis se décourager, puis se relever encore, s'exhorter de nouveau, avancer quand même, blessés, meurtris, mais vaillants, résignés, fiers, de plus en plus déterminés, résolus, humbles et militants!

☆

Ne sois pas déserteur de toi-même. A celui qui ne cède pas tout cède.

☆

Lorsque N.-S. dit au paralytique : Prenez votre lit et marchez! il savait bien ce qu'il disait, il savait bien ce qu'il faisait. Et nous aussi, les moralistes, nous disons à l'âme accablée : Prends ton chagrin, haut le cœur, lève-toi, âme paralytique, laisse à terre tes béquilles, aie la volonté de vouloir, va et marche!

☆

« *Mon père, si ce calice ne peut passer sans que je le boive, que votre volonté soit faite!* » — Ce calice ne peut passer sans que tu le boives : la volonté de Dieu soit faite!

☆

Si cela est difficile, que cela soit;
Si cela est pénible, que cela soit;
Si cela est impossible, que cela soit!

☆

La philosophie de la vie consiste : non pas à

avoir ; mais : *à ne pas avoir,* et à trouver son trésor de richesse dans l'absence de servitude des prétendues richesses de ce monde.

☆

Le monde se partage entre *avoir* et *être,* entre ceux qui *ont* et ceux qui *sont ;* je dis bien : entre les représentants du verbe *avoir* et les représentants du verbe *être.*

Aux uns, il n'est pas défendu d'être intelligents ; aux autres, il est ordonné de l'être.

Que voyons-nous en considérant les grandes lignes morales, j'allais dire *sociales,* de l'espèce humaine ? — Deux camps bien distincts, à part quelques exceptions très-hautes qui de temps en temps franchissent la limite : ceux-là sont venus avec leur provision toute faite ; et, se sentant heureux, n'ont pas eu besoin de bêcher le dur champ de la vie et ont pu laisser sommeiller leur intelligence. Ceux-ci sont nés dénués : ils doivent semer, labourer et piocher, retourner en tous sens le champ de leurs facultés. Exposés à toutes les intempéries, en butte à toutes les hostilités de la vie et du sort, ils ont dû tisser leur manteau et se façonner pour la lutte et des arcs et des flèches.

☆

C'est ta vie que tu dois mener et non celle d'un autre ; c'est ta propre vie — quelle qu'elle soit — que tu dois vivre ; c'est avec cette vie douloureuse que tu dois composer ; c'est à elle que tu as affaire : haut le cœur, sans hésitation ni peur, marche ; à travers les fondrières et les précipices, marche ; à travers les ravins profonds, les solitudes sinistres, les tempêtes et les avalanches, marche, marche, marche !

☆

Les choses de la vie ne peuvent te donner que les choses de la vie : incertitude et trouble ! Que rêves-tu de paix et d'assurance ? O ma pauvre âme, il faut bien que tu regardes au-dessus d'ici : car les joies mêmes, ces joies si rares qu'elles pourraient sembler vraies, sont passibles d'angoisses qu'aucune puissance de cœur ne peut conjurer.

Nous n'avons rien de fixe, nous n'avons rien de stable, le bonheur est un prêt sur gages : l'inquiétude est l'horloge qui mesure nos heures. Sans compter l'ombre de nos soleils, la voisine de nos joies si jalouse et si proche, cette guetteuse enne-

mie et vedette implacable, grande-prêtresse des
séparations déchirantes : la mort!

☆

Ceux qui se sont désespérés en quelque chose
sont les impétueux qui ont manqué de patience.
On voit tout dans la vie, même ce qu'on souhaite...
Attendez, et vous verrez se succéder les circonstances les plus contradictoires. Un tour de roue de
plus dans cet immense hasard de loterie humaine, et
voilà les situations renversées, ce qui était dessous
se trouve dessus, ce qui était à droite à gauche, la
défroque de celui-ci sur l'épaule de celui-là, et,
réciproquement, la popularité — cette plaisanterie lugubre — déplacée comme un écriteau du
front de tel maître pour parader sur l'occiput de
tel valet...

Silence, indifférence, *patience* : trilogie résu-
mant l'observation dans ce kaléidoscope de foire
humaine où toutes les représentations sont possibles, où les costumes les plus invraisemblables
servent successivement à tous : acteurs aux mul-
tiples rôles appelés à toutes les figures dans ce
tourbillon du changement.

☆

Dans la vie je choisis.... ce que j'ai.

☆

Le mécontentement provient, non pas de ce que les autres nous font, mais de ce que nous-même nous avons omis de faire.

☆

A chacun de nos grands chagrins dans la vie est attaché une sorte de calme; après chacune de nos grandes épreuves une halte se produit. C'est comme un déménagement qui s'opère ; le cœur, si j'ose ainsi parler, remue ses poussières. Un silence inattendu se fait dans la pensée. Un naufragé qui surmonte de hautes vagues doit connaître ces repos étranges. Ce sentiment d'inexprimable paix est fortifiant et salutaire; cette station avant le port, avant le débarquement final revivifie et sauve. Encore ceci de disparu ! dit l'âme résignée. Ce bagage de moins à emporter dans la tombe !

Et après chaque désastre l'esprit vraiment supérieur s'allége; et nous nous écrions dans la prière : Maintenant, en avant ! en avant ! en avant ! et tout en haut !

☆

En avant! en avant! là-haut sur les sommets !
Oh! pour cueillir la fleur de la béatitude,
Cette fleur du désert et de la solitude,
Qui ne voudrait franchir tous nos brouillards épais?

En avant! en avant! là-haut dans le silence!
Oh! qu'il est doux et bon d'être si loin des yeux,
Oh! qu'il est doux et bon d'être si près des cieux,
D'atteindre les clartés où le rêve s'élance!

En avant! en avant! loin du chaos mortel,
Du pêle-mêle humain où le siècle succombe,
De tous ces sifflements des esprits de la tombe!
En avant, en avant dans l'espace éternel!

En avant! en avant! génie, âme, pensée!
Cœur de lumière, cœur de flamme, vas en haut!
Romps le dernier lien et sois libre, il le faut!
Dans la paix et l'azur sois immobilisée!

☆

Il ne s'agit pas de *chercher après un état autre
et meilleur;* il s'agit de s'arranger dans celui où
l'on est, *quel qu'il soit.* Ton logement est étroit,
incomplet, incommode; mais tu n'en peux changer; console-toi : chaque objet finira par y trouver
suffisamment sa place. Ainsi, de telle situation —
ce logement de la vie — qui t'étreint et t'oppresse :
l'esprit arrive un jour à s'y mouvoir à l'aise, l'âme
à y déployer ses ailes.

☆

Je ne veux pas me plaindre parce que je ne veux
pas... être consolée. Nul ne sait où le soulier me
blesse, et les consolations qu'on m'inflige sont pour

la plupart si mal appliquées, si banales ou si déri-
soires qu'elles me font du mal, en vérité.

C'est toujours d'après soi qu'on prononce ; c'est
si rarement d'après les autres qu'on juge du chagrin qu'ont les autres, que c'est également d'après
soi, et non en intime, en *vraie* connaissance de
cause qu'on les discute, qu'on les raisonne, qu'on
les sermonne et console, j'allais dire qu'on les
blesse, qu'on les frappe, quelquefois même qu'on
les tue !

☆

Celui qui, plein d'incertitude naturelle, recherche
le courage des autres pour en avoir soi-même, man-
quera toujours de force, c'est moi qui le lui dis. Le
seul appui véritable, le seul opportun et efficace,
puisqu'il s'approprie et se mesure aux circonstances
particulières de chacun, c'est la volonté individuelle, c'est la décision immédiate sans concours
étranger, c'est le caractère. Un esprit ou un cœur à
la remorque d'autrui sont de pauvres petits batelets
toujours prêts au naufrage.

☆

Vous ne montrez au visiteur qui sonne à votre
porte que les dorures et ornements de votre salon,

rendu le plus coquet possible pour sa visite. Vous
ne lui montrez guère les débarras ou embarras de
votre grenier, non plus que les aménagements, les
ustensiles, les misérables ou vulgaires fournitures
de vos sous-sols et de votre cuisine. Ainsi ne devez-
vous offrir à vos amis en visite — même les intimes
— que la parure et les agréments de votre esprit.
Ceci est de la simple politesse. Montrer ses peines
dénote un manque de procédés élémentaire, et
n'est point du tout reçu dans la bonne compagnie.
Autant laisser voir la doublure éraillée d'une riche
étoffe, exhiber pelles, éponges, balais et plumeaux
que tout le monde sait exister — essentiellement —
mais qui ne se produisent sous aucun prétexte en
dehors de leurs attributions privées et matinales.
Je parle en ce moment à des gens bien élevés, et
ces remarques sont d'une simplicité telle qu'il me
semble traiter un chapitre de la *Civilité puérile et
honnête.*

☆

Oh ! le maladroit qui, ayant des jambes, emprunte
pour marcher des béquilles !

Tel celui qui, pour une action que lui-même et
tout seul il doit faire, sollicite le secours d'autrui !

Tu penses avec ta pensée ; agis donc avec ta personne. Qui veut aller droit au but ne s'embarrasse d'aucun bagage, ne se retarde et ne se paralyse d'aucun appui.

☆

On ne console pas celui qui a besoin d'être consolé. La consolation, comme toutes les vraies forces, est affaire personnelle. On trouve en soi ce dont on a besoin, — la semence venue d'ailleurs ne germe point. C'est de soi-même qu'on tire sa substance; nul secours étranger n'y supplée. Une terre est féconde ou elle ne l'est point, aucun voisinage ne l'améliore. Ainsi de l'esprit, ainsi du cœur, ainsi des ressources morales, ainsi de toutes les énergies.

☆

Axiome. — On ne convainc jamais que les gens convaincus d'avance, on n'a jamais persuadé que les gens qui s'étaient persuadés eux-mêmes.

☆

En général un esprit — même bienveillant — écoute avec son propre sentiment très-arrêté d'avance sur une personne ou sur une chose. Rarement une oreille est ouverte sans prévention pré-

mière. Observations ou objections s'élèvent presque
toujours non de la lecture qui est faite ou de la
conversation qui est tenue, mais du jugement pré-
conçu de celui ou de celle invités un moment à
l'attention.

Nous sommes — dans le monde — acquittés ou
condamnés, acceptés ou rejetés, selon la bonne
fortune ou le mauvais hasard d'une impression
habituellement étrangère à nous-mêmes.

☆

C'est mon éternel étonnement de voir tant
d'âmes intelligentes d'ailleurs, et même réfléchies,
demander aux autres ce que toutes seules elles
peuvent se donner.

Quand vous arrivez dans une ville vous apportez
avec vous vos bagages; il ne vous viendrait pas à
l'esprit la prétention de réclamer chez les étrangers
les objets personnels nécessaires à vos habitudes.
De même dans la vie et dans le commerce du
monde : vous devez apporter avec vous vos bagages.
Aucune hôtellerie d'amitié ne vous fournira vos
vêtements. Ayez donc avec vous les vêtements de
votre âme. Nulle maison ne vous fournira comme
la vôtre les approvisionnements du voyage dans
cette route que nous faisons tous ensemble pour

le pays de l'Éternité, mais que nous devons marcher
seuls à seuls revêtus de nos propres armes, assistés
de nos propres forces, avec la sûreté du courage, la
lumière de la volonté.

☆

Je donnais à une malade d'esprit et de cœur cette
raison, qui lui sembla plausible, de chercher et trouver en soi l'appui d'amitié que trop communément
les âmes faibles vont solliciter et quêter chez
les autres : c'est que la compagnie des autres ne
peut vous être tout au plus qu'un soulagement mo-
mentané et qu'une ressource passagère. On ne peut
toujours vivre hors de chez soi. Et souvent la douleur morale, même très-vive, ressemble au mal de
dents qui paraît être envolé dès que vous arrivez
chez le dentiste. Une dissipation du dehors paraît,
elle aussi, engourdir un instant la douleur ; mais
l'illusion n'est que d'une minute, et l'ennemi vous
ressaisit dès que vous revenez dans votre gîte.

Soyez-vous donc à vous-même le compagnon
doux et fort qui, toujours présent, toujours attentif
et patient, remonte à l'heure dite l'horloge du courage.

L'appui moral que vous rêvez au dehors ressemble à la paix du cœur que vous prétendez devoir

2

trouver à la campagne, et que je vous conseille d'emporter avec vous, dans vos malles, si vous tenez à la rencontrer assurément. L'appui qu'il vous faut ne réside qu'en vous, et pour toutes les afflictions et pour toutes les lassitudes. Soyez-vous à vous-même cet ami de tous les instants, ce compagnon de toutes les tristesses.

☆

Allez vous plaindre, mes enfants, allez, ne manquez pas d'aller vous plaindre, ne fût-ce que pour entendre les autres, tous les autres entonner leur propre *Dies iræ* de plaintes. Allez dire votre souci pour assister, grain à grain, au chapelet de la douleur des autres. Aucun ne vous écoute, ô maladroits ! Mais chacun vous répond ; la prétention de vouloir intéresser les étrangers à ses chagrins est tellement bouffonne, tellement naïve, qu'il est bon, de temps en temps, pour sa propre éducation, de recommencer sa sottise, afin d'être de nouveau édifié, afin d'avoir de nouveau — en fait de musique — l'accompagnement de duos, de trios, de quatuors, de quintettes, de chœurs qui s'exécutent dès la première note personnelle de votre complainte. Pour savoir le fond de tribulations superposées qui représentent la couche sociale, fût-ce au pays le plus élyséen du monde, allez soupirer vos tristesses, ô innocents, allez !

☆

Lorsque d'aventure j'ouvre le feu des plaintes par une timide observation sur mes peines, je n'ai plus bien vite qu'à me taire, écouter et à longtemps entendre, ma lèvre peut indéfiniment rester close, et ma pensée aller son train. La vie sociale est quelquefois un chœur, c'est par hasard un duo, par dessus tout c'est un monologue.

A peine — discrètement — ai-je articulé deux mots que déjà l'autre (mon interlocuteur) à qui je parle, s'en empare pour lui-même, se dresse un trépied de victime, s'approprie mes malheurs et m'étale ses misères dépassant démesurément les miennes...

D'habitude je renonce à parler de moi. Car, pourquoi faire ? ne cesserai-je de dire, oui, pourquoi faire ?

☆

Il n'y a dans la vie qu'un duo qui ne reste jamais sans musique : le duo des plaintes réciproques où ni l'un ni l'autre des deux exécutants, lesquels se font mutuellement des confidences — ni ne s'entendent, ni ne s'écoutent.

Que de fois, ô mon Dieu ! n'ai-je pas répondu à la personne quelconque qui indifféremment me demandait de mes nouvelles : mirliton, chou-fleur, tulipe, Jupiter, quelque chose que ce fût, ô mon Dieu ! qui me passait par la tête, et c'était toujours bien, et mon interlocutrice attentive répondait avec conviction : *j'en suis bien contente ;* ou *comme je vous plains !*

☆

Ce dont on doit le moins parler et ne jamais se plaindre, c'est ce dont on souffre le plus.

☆

Ne parlez jamais de vos maux qu'en amateur.

☆

Raconter ses chagrins, découvrir ses misères, c'est se dénoncer et se condamner. C'est livrer à la discussion, aux interprétations jalouses, aux appréciations hostiles, à toute la malignité de l'égoïste envie, la cause sans tache de la justice. Ne demandons rien : à l'affront du refus, s'ajouterait l'outrage des raisons du refus ; soufflet sur soufflet, tristesse sur tristesse. Ne mendions sous aucune forme, ne nous humilions sous aucun prétexte. Ne mendions ni la pitié, ni le salaire, aucune rémunération légitime. Solliciter quelqu'un, c'est le mettre en garde contre soi, c'est l'attaquer et l'obliger à se défendre : c'est lui fournir le microscope qui analyse nos intentions, le scalpel qui fouille nos pensées, c'est lui mettre en main le fouet qui cinglera nos visages.

☆

Degrés à franchir pour s'établir dans sa douleur et atteindre à la paix durable :
La nécessité du silence ;
L'autorité du silence ;
Le triomphe du silence.

☆

Il ne faut donner d'importance à rien, ni par une susceptibilité hors de mesure à l'offense ou au ressentiment, ni par une effusion non moins imprudente d'épanchement et de confiance. Rien ne vaut la peine de rien. Ressonger à qui nous a fait tort ou mal est encore s'occuper de quelqu'un : et, inconséquence encore plus grave, c'est s'imaginer une durée quelconque dans un jugement du monde. Les choses de la vie sont les choses de la vie ; le mal n'offre pas plus de consistance et de fixité que

2.

le bien, j'entends que l'heureuse rencontre, hélas!
de sympathies quelquefois exquises et qui meurent,
pauvres flammes de Bengale, en un éclair! Celui
qui se trompe à notre sujet peut demain nous considérer autrement qu'aujourd'hui. Celui à qui tu
donnes en ce moment ta main loyale et qui, loyale-
ment aussi — en ce quart d'heure — te rend ce
serrement de main, peut tantôt être influencé par
un vent de malice ou d'erreur, et se joindre contre
toi — durant un autre quart d'heure — à tout un
cortége d'envieux, de pervers ou de sots.

☆

J'ai passé ma vie à attendre...

. . . .

Et toi-même combien de temps encore t'atten-
dras-tu? Suffis-toi donc! Celui qui court après
autrui s'acharne après le vent.

☆

La vie se passe... en préparation de la vie : ainsi
des ménagères vont au marché, y choisissent les
viandes les plus belles, les légumes les plus verts,
les fruits les plus frais... pour un banquet —
toujours annoncé — et qu'elles ne réalisent jamais.

☆

En voyant tout le temps que perdent à s'inspecter, se critiquer et se décrier la plupart de nos visiteuses, en vérité, je ne m'étonne pas qu'il n'en reste guère à personne pour penser, réfléchir, étudier, amender et orner son âme; et je ne vois pas trop quelle part peut être faite à Dieu dans cette dilapidation de la vie, dans ce gaspillage et ce bavardage de la langue et des heures.

☆

La chose qui te semble considérable aujourd'hui te paraîtra demain, après-demain, insignifiante et misérable. Dans sa course vers l'éternité le temps entraîne bien des scories. Ne regarde jamais l'heure qu'à ce cadran de l'éternité. La roue du monde ne s'arrête point; elle emporte nos impressions passagères et fait justice de nos regrets inutiles. Que la minute présente n'enraie point ton esprit immortel. Rien ne vaut que le but suprême; les accidents de rencontre sont les pierres du sentier qu'il faut écarter ou franchir. Le pied doit marcher son chemin, l'âme poursuivre sa montée. Dieu a signé sa feuille de route, et il reçoit à l'arrivée l'humble et fidèle voyageuse.

☆

Cette heure que tu trouves longue à passer aujourd'hui, un jour — ton dernier jour — comme tu
voudrais la ressaisir! Comme tu voudrais de toutes
tes misérables richesses terrestres pouvoir t'acheter
un quart d'heure, un seul pauvre quart d'heure de
cette heure qui, aujourd'hui, te pèse !

☆

Après le Golgotha, la vision de la terre promise;
oui, la *terre promise!* L'acceptation franche, sincère, silencieuse et naturelle des choses de la vie,
cette acceptation-là trouve sa récompense. Les éner-
vantes défaillances ne sont plus possibles à qui a
donné courageusement la main à la douleur, et
s'est résigné tranquillement à l'inévitable.

☆

Les nuages tout le jour ont couvert le ciel; ce soir
l'azur est sans tache; les étoiles brillent magnifiques : ainsi sur ton esprit passent et pèsent des
nuages qui l'obscurcissent. Ne crains rien, l'oppression de la journée n'est que passagère; tout à
l'heure s'effaceront les ténèbres; au milieu du silence les nuages épais auront disparu : ton front

dégagé sera lumineux comme cette belle nuit de
lune et d'étoiles....

☆

Les Penseurs sont des Solitaires. Ce n'est pas à
dire qu'ils ne se mêlent volontiers au monde; mais
ils ne peuvent et ne veulent y aller qu'à leurs heures,
quand une sorte de trêve intérieure leur permet
cette espèce de papillotage autour d'eux. Autrement, ils s'y refusent et doivent s'y refuser absolument. La pensée n'agit pas en eux continuellement;
mais cette manière d'opération merveilleuse avec
des alternatives de puissance et d'impuissance, de
fécondité et d'aridité, demande à suivre son inspiration et à ne pas être déconcertée, suspendue,
égarée et anéantie par les contre-courants et les
incohérences de la pensée des autres. Un Penseur
a besoin de l'air de sa pensée autour de lui : aucun
profane n'a le droit de troubler cette atmosphère
idéale dans laquelle il a tout à l'heure fait vivre ses
personnages, et d'où il doit évoquer des créations
nouvelles.

☆

La vraie grandeur est solitaire. Toute cime hau-
taine est isolée. Ce qui est fier et délicat se détache

et se sépare du groupe commun des choses humaines. Mais je vais dire ici que la supériorité doit
comprendre son écueil aussi bien que sentir sa
puissance. La supériorité est de commerce difficile
dans les habitudes et le *tous les jours* de la vie.
Elle effarouche l'amitié humble, elle froisse inconsciemment ceux qui ne sont que bons et doux, et ne
peuvent atteindre à son excellence. Quelle que soit
la condescendance ou mieux la familiarité d'une
âme de génie, elle pèse de tout son poids sur le
troupeau des autres. L'air qu'elle respire et qu'elle
fait respirer autour d'elle est trop raréfié pour le
terre-à-terre de ses proches. Une gêne invincible se
produit dans son voisinage; on sait que rien ne
l'intéresse de ce qui fait se pâmer les autres. Sans
compter que sa facilité de détachement de toutes
choses, son habitude de stoïcisme continuel ne sont
pas d'un usage commode à ceux qui se laissent
aller tout simplement aux suggestions telles quelles
de la bonne nature, et ne connaissent l'effort que
dans les traités de morale plus respectés que con-
sultés, c'est-à-dire religieusement enfouis, oubliés
dans les bibliothèques.

Non! celui-là que Dieu a fait grand ne doit pas
s'étonner d'être laissé seul. On l'admire, mais on
le redoute; il semble et il est de pratique laborieuse.

La perfection qu'il rêve paraît agressive en établissant — pour ainsi dire — une sorte de censure permanente sur autrui. La vanité du monde ne se plaît pas dans ce milieu et s'en retire.

☆

« Monter est nécessairement s'isoler. »
(Marquise de BLOCQUEVILLE.)

☆

Être *plus* que les autres : condition de vie difficile ; être *autrement* que les autres : condition de vie impossible.

☆

Si je pensais encore au mal que les autres m'ont fait, j'y penserais plus longtemps que n'y pensent mes ennemis eux-mêmes.

☆

S'étonne-t-on du coup de pied de l'âne, de la ruse du renard, de la lâcheté du loup? S'étonne-t-on de la morsure envenimée du serpent? — Hélas! autour d'une noble figure, droite et fière, que de ruades ignorantes, que de faussetés calculées, de trahisons pusillanimes, que de dards aiguisés dans l'ombre, combien de perfidies rampantes!

☆

Le nombre, c'est la médiocrité; le niveau, c'est
la vallée. Plus la montagne se détache, se dégage,
s'effile, devient pic, plus elle se sépare et devient
seule. A elle là-haut les orages, la foudre, les nuées;
mais à elle aussi le soleil, à elle l'apaisement divin
du silence, à elle les étoiles!

☆

De plus en plus je vois que la supériorité, ce n'est
pas le dédain, ce n'est pas l'ironie et ce n'est pas
l'indifférence; c'est la tranquillité d'accepter les
choses telles qu'elles sont, c'est la sérénité de ne
rien regretter, de ne rien désirer, de ne rien
pleurer.

☆

Par quelle aberration vous imaginez-vous pouvoir
rencontrer une figure originale, une vraie nature,
quelqu'un dans une réunion quelconque où tout le
monde s'efforce de n'être personne?

Que de fois, dans mes éternelles songeries sur les
inégalités humaines, je me suis dit : Eh bien! le
voilà le niveau rêvé! et chacun y peut prétendre, à
ce niveau d'insignifiance, de nullité, de parfaite

inintelligence distinguée. Les fougueux socialistes
de ce temps — si avides de revendications éga-
litaires — seraient bien étonnés si on leur disait :
la solution de votre problème, mais elle est trouvée!
Mais le voilà le radicalisme! la voilà l'égalité demandée! Saluez ce champ clos sans monts ni
collines, ce champ clos d'entier communisme!
Dans un salon personne n'est roi, personne n'est
chef, personne n'est supérieur à personne; personne n'est propriétaire au pays d'esprit; chacun
est frère... en insipidité, en uniformité, en indifférence, en inanité, en sottise.

✯

Les natures vraiment supérieures le sont dans
toutes les conditions possibles de la vie. Ce ne sont
pas les circonstances qui suscitent le génie : tout
au plus le mettent-elles en lumière; et l'on a vu
bien plus d'hommes inférieurs à leur situation
élevée qu'on n'en a vu la dominer. Le don suprême
d'*agir* procède du don inné de *voir*. L'homme supérieur naît avec celui-ci et le manifeste avec autorité, en quelque poste et sous quelque costume que
ce soit. Il voit, il juge, il commande, il agit. Sa
destinée elle-même est son coursier docile. Aucune
force aveugle, inintelligente ou jalouse n'empêchera

de surgir celui qui voit, celui qui discerne, celui
qui veut.

☆

Il y a dans une figure de génie quelque chose qui
n'est ni vieux ni jeune, quelque chose qui est éternel.

Et même, dirai-je, considérez quelque visage
que ce soit, illuminé un moment par la pensée ou
par l'amour. Le regard n'a-t-il pas sa beauté immortelle, le cœur son rayonnement immuable !
Cessez donc de croire diminués par la vie ceux que
l'âge a marqués au front. La lumière est inviolable,
rien n'attente à la pureté du feu. La gaîne humaine
peut s'user, se rider, se flétrir; mais l'âme, ce
diamant céleste, est toujours la beauté, la lumière,
l'éclatant et rayonnant amour.

☆

Le front reflète la pensée, habitante lumineuse
des cimes : de là, cette sérénité particulière à
certains visages, malgré la fatigue des années et le
rude sillage des douleurs de la vie.

☆

La mer réfléchit les cieux; les cieux réfléchissent
la terre, ses brumes infinies et ses nuages. L'œil

de l'homme réfléchit l'âme immense. Le corps lui-même réfléchit la pensée. Le visage se corrige, les attitudes se modifient selon la lumière spirituelle, la disposition accoutumée, selon le point d'appui intérieur. Le corps de l'homme réfléchit l'âme de l'homme.

☆

Les yeux qui voient le mieux les choses invisibles voient aussi le mieux les choses visibles. De là, mille écœurements dans la vie; de là, mille blessures incessantes, mille révoltes physiques; de là, le désaccord profond de ces *Voyants* douloureux avec le gros du monde, leurs prétendus semblables...

Ceux-ci ne voient pas, ne perçoivent pas, ne sentent pas ce que voient, ce que perçoivent, ce que sentent ces êtres d'exception que l'on nomme les âmes de génie : la délicatesse infinie de ces rares natures leur échappe ; il y a un abîme entre leurs facultés respectives, leurs facultés physiques : j'y insiste. La lumière absolue du regard entraîne une exigence de pureté absolue, cette perfection de l'idéal. Privilège presque féroce pour qui, devant vivre au milieu des choses de la vie, est froissé, offensé, éclaboussé à chaque respiration par les grossièretés inévitables et inconscientes des choses de la vie.

☆

Certains grands esprits semblent des cathédrales
dont nul œil vulgaire ne peut mesurer l'infinie profondeur. Ils sont dans ce monde agité la paix, le
recueillement, la sérénité religieuse et sacrée,
comme l'Église, au milieu de la rue, est tout à coup
le silence, l'oasis de calme, le refuge frais et tranquille.

☆

Il est des natures tellement généreuses, tellement
oublieuses de soi, tellement dénuées de personnalité
et d'égoïsme qu'elles en arrivent à enfreindre contre
elles-mêmes la loi de justice, et qu'il est nécessaire de
retourner pour leur usage cet axiome d'obligation
trop générale, hélas! *Traiter les autres comme
soi-même*, en cette autre vérité d'exception : *Se
traiter soi-même comme les autres.*

Car c'est un devoir également de s'occuper de
soi, et de respecter sa place dans le monde. Toute
personne humaine a droit aux égards d'une autre
personne humaine; et le souci de vous-même importe à l'harmonie universelle.

Mais, je le répète, cette observation est applicable
à si peu, qu'elle amènera plus d'un sourire. Il n'en
est pas moins vrai que certaines natures se man-

quent à elles-mêmes, se suppriment trop entièrement de la vie, et qu'il faut les rappeler à la loi d'équilibre, laquelle, dans l'ordre moral, établit la mesure, l'équité, la vérité et la justice.

☆

Certains esprits font si exactement dans cette vie ce qu'ils doivent faire, ce qu'ils ne sauraient s'empêcher de faire, qu'ils finissent par ne plus attacher à leur tâche, quelque bien remplie soit-elle, aucune idée de satisfaction même légitime. La réputation, le succès sont pour eux choses secondaires et presque indifférentes. Ils font leur devoir. Comme un ouvrier remplit sa journée, ils remplissent, eux, leur mission divine. Tout le reste, ce reste extérieur, inférieur, accessoire, n'est rien.

☆

Une chose me confond, parmi les anomalies absolument incohérentes de ce monde : c'est l'espèce de pression exercée sur les natures idéales pour les accommoder au goût régnant du jour. Quoi ! vous comprenez et vous acceptez que je préfère la couleur bleue à la couleur verte qui a toutes vos sympathies ; vous admettez sans la moindre controverse que j'aime les choux-fleurs, tandis que vous aimez la choucroute; il me sera accordé — si cela me convient — de porter des jupes plates, de véritables fourreaux, vis-à-vis de vous qui ne professez que volants et bouffants : oui, toutes ces concessions importantes seront faites à ma vie matérielle; et s'il me plaît de gérer à ma guise ma vie intérieure, bien vite et bien haut, vous allez opposer un : holà!

Holà! me dit l'intolérance! vous aimez la liberté, l'espace silencieux, la pensée! Vous dédaignez le gain et l'argent, vous n'appréciez pas la notoriété des richesses, l'autorité des honneurs. A Charenton cette excentrique! Nous ne sommes pas en société pour contempler le ciel; nous sommes au monde pour conquérir la terre.

Et s'il me plaît, à moi, de renoncer aux poursuites soi-disant brillantes, et d'aimer mieux tout de suite — me contentant de peu — les choses, selon moi, incomparables et essentielles! S'il me plaît de préférer à tout le libre emploi des heures, la paix, l'étude, l'aspect des cieux et des étoiles ! Si je trouve trop chèrement payées vos acquisitions positives; et s'il me convient de m'en passer avec délices, choisissant les sentiers solitaires au lieu du grand passage des routes publiques!

Non, mes contemporains n'acceptent pas ces extravagances; il faut voir de leurs yeux, à leur gré, ce qu'ils appellent voir juste ! Ils ne tolèrent pas une autre manière de voir que leur propre interprétation des choses, et s'il advient que ce qu'ils appellent des perles, je l'appelle simplement des cailloux, j'exaspère leur sens d'hommes positifs et pratiques.

Et pourtant j'ai vu jusqu'ici que la possession de soi-même était le seul but sérieux du philosophe et du sage, et qu'il pourrait bien n'être pas aussi insensé qu'il ne semble de commencer par s'appartenir, à l'abri des servitudes que s'imposent pour des biens fictifs les gens prétendus raisonnables. Ces gens prétendus raisonnables qui, tout à leurs spéculations pratiques, ne trouvent pas le temps de vivre, seront bien un jour cependant obligés de trouver le temps de mourir ; et cela, sans s'être jamais une pauvre fois rencontrés face à face dans leur vie avec leur âme immortelle !

★

Lorsque, sortant de la prison de sa pensée, on consent — les lois sociales exigeant la vie sociale — on consent, dis-je, à ouvrir le donjon, à descendre de ses hauteurs, à se mêler pour un jour aux gens et aux choses, on mesure — seulement alors — la distance infinie qui vous sépare du monde des vivants. Un aveugle rappelé à la lumière serait moins

interdit et moins effaré que ne l'est tout à coup un
solitaire en visite. Et les personnes qui le reçoivent sont non moins embarrassées que le songeur
étrange : celui-ci ne comprend rien aux intérêts
qu'il voit se débattre, il n'a plus la notion des petites
joies, des singuliers plaisirs qui ravissent l'humaine
espèce. Sans compter que l'horloge a marché; et
voici de jeunes couples amoureux et beaux, voici
de vraies histoires de vie naturelles et logiques; des
petits berceaux bleus ou roses abritent de nouveaux
venus; des jeunes mères — dans l'orgueil de
l'amour et l'éblouissement de la maternité — con-
templent radieuses leurs trésors. Puis, des jeunes
filles ont grandi; belles et magnifiques, elles dé-
ploient devant l'avenir les ailes conquérantes de
leurs rêves; enfin, là-bas, des cheveux ont blanchi,
et de douces grand'mères assistent avec bénédiction à ces fêtes de la vie...

Solitaire, solitaire ! que viens-tu faire chez les
vivants ? Le bonheur, pour épanouir ici, n'a pas
consulté le froid raisonnement de tes livres mélancoliques. Qui s'inquiète du travail ardu de tes veilles
silencieuses ? Le soleil se lève sans toi, la joie ou la
tristesse coulent de source selon la procession des
événements humains. Qui donc parle de Shakes-
peare auprès de cette layette moelleuse? O poëte,

qu'importent et Rodrigue et Chimène au regard passionné de ce jeune fiancé qui va demain épouser sa belle fiancée amoureuse!

☆

« Avant que le coq chante, vous me renoncerez trois fois. »

Ces paroles offensaient Pierre; il invectivait le maître de calomnier ainsi sa conscience; et pourtant, avant l'aube du jour, il avait trois fois répondu à la servante qui l'interrogeait sur Jésus: *Je ne connais pas cet homme!*

Est-ce que cette trahison du compagnon et de l'ami, presque du frère, ne repasse pas mélancoliquement dans la pensée de bien des solitaires aux heures d'affliction profonde où tout ici-bas les déçoit, où tout les délaisse et les abandonne?

☆

Si l'on est capable de nous manquer de cœur, si notre fière pauvreté, notre pauvreté vénérable n'est pas respectée et comprise; si, à nous les patients, les poëtes, les chercheurs d'or du ciel, on reproche de n'avoir pas su découvrir les mines d'or de la terre, croisons-nous les bras et voilons-nous la

3.

face : ne récriminons pas. Ce monde est brutal et
ce monde est impie. Nous autres — N.-S. l'a dit
— nous ne sommes pas de ce monde. Laissons les
flèches aiguës s'élever contre nous et nous faire
jusqu'à l'âme ces plaies de sang d'où s'échappe ici-
bas notre brûlante rosée de larmes... Renonçons
aux partages humains; renonçons au bon droit le
plus simple, à la justice la plus élémentaire. Nouons
avec les choses éternelles des amitiés éternelles.
Fréquentons les choses éternelles. Dieu prendra
peut-être un jour pitié de ceux qui n'auront pas
même eu dans la vie le plus dur oreiller de
pierre.

☆

Ce n'est point aux autres à prendre garde au
respect de toi-même, à ta dignité menacée. C'est
toi toute seule qui dois soigner ces choses. Ne te
plains donc pas qu'on te manque en quoi que ce
soit dans le commerce de ce monde. Tu ne dois
point permettre qu'on humilie ta droiture et l'honneur sans tache de ton caractère. Celui qui se fait
ver de terre ne doit pas se plaindre d'être foulé aux
pieds. Tiens-toi debout. Ce sera aux autres à s'in-
cliner devant toi et à courber la tête.

☆

Se plaire à soi-même en faisant le bien; car on ne plaît guère aux autres, même en ne faisant pas le mal.

☆

Il m'est bien plus difficile de me convenir à moi-même que de convenir aux autres. Ne me félicitez pas, je vous en supplie, quand j'essaie quelque bonne action. La rémunération du bien m'offense, la conscience me suffit, je vous assure ; et, je le dis avec fierté, ma conscience est une exigeante personne, ma conscience est peu accommodante. Pas de circonstances atténuantes, pas de compromis avec cette majesté absolue, inflexible.

☆

Le bonheur dans la vie, c'est d'être non pas au-dessus des autres ; c'est d'être... à l'écart.

☆

Tenir le moins de place possible, disputer aux autres le moins de terrain possible, se retrancher de tout, se détacher de toute prétention, *n'être pas* ou *n'être qu'aussi peu de chose que possible ;*

quand son pauvre *soi* ne peut flatter la vanité d'autrui empêcher qu'il ne suscite aucun ennui, qu'il n'alarme aucune jalousie : voilà seulement le secret de la vie... non pour le bonheur, ce mot-là ne devrait jamais s'écrire, mais pour la tranquillité, pour la paix !...

☆

La meilleure manière de s'attirer une chose, c'est... de ne pas paraître en avoir besoin.

☆

Le bonheur se compose, non d'affirmation, mais de négation. Le bonheur consiste à... ne pas aimer pour n'être pas trahi; — à... ne pas être riche pour n'être pas volé;—à... ne pas se montrer pour n'essuyer ni coups de pied, ni coups de coude, ni soufflets... ni crachats. Le bonheur consiste à retirer de la surface du monde le plus possible de son individu, à n'occuper d'espace que le très-peu de place, strictement nécessaire, pour n'attirer aucunement l'attention des autres... pour n'embarrasser, n'offusquer et ne blesser personne dans le chemin terriblement encombré des convoitises, des jalousies, des impatiences, des prétentions, des exigences et des rivalités humaines.

☆

Pourquoi juges-tu si exactement les choses de la
vie?

— Parce que je suis en dehors des choses de la
vie. Celui qui fait partie d'un cortége ne voit pas
le cortége; le soldat engagé sur un point ne voit
pas le champ de bataille. Le spectateur tout seul
voit le spectacle, non l'acteur qui est lui-même le
spectacle, la mise en scène, le cortége.

☆

Ce qui se dégage de toute vie, ce qui résume
l'observation attentive de toute destinée, c'est une
possibilité, une *sûreté* de bonheur pour chacun,
indépendante des vicissitudes humaines, assurée
contre les troubles mêmes du cœur.

Faire du bien aux autres, c'est par-dessus tout
se faire du bien à soi. Aucune douleur ne peut
anéantir ce bonheur-là. La bonté est la bénédiction par excellence, qui sauve de sa propre amertume l'âme la plus sacrifiée.

J'ai rencontré de ces très-belles âmes qui, profondément éprouvées et meurtries, sont arrivées,
par une douceur de désintéressement pour elles-
mêmes et d'absolu dévouement pour les autres, à

une sérénité auguste qui semble un rayonnement du ciel. Ces nobles figures ont été les consolatrices de ma pensée, et mon respect leur voue un culte. Qu'elles me pardonnent, en lisant mes livres, les tristesses que je n'ai pu surmonter; mais qu'elles reçoivent, comme un tribut qui leur est dû, l'affirmation de plus en plus décisive de ma conscience. Il y a du bonheur ici-bas parce qu'il y a ici-bas, oui, même ici-bas, un amour sans trahison ni défaillance, sans préoccupation de réciprocité ni de durée, qui, complet et infini soi-même, est soi-même sa certitude et sa récompense: la charité!

☆

Quand, très-jeune, on demande à la vie ce que la vie est incapable de donner, on laisse passer sans y toucher, que dis-je? sans y rien voir, les meilleures choses de ce monde. Quand, plus tard, tout compte fait, on découvre que cette pauvre planète ne contenait pas en magasin la marchandise qu'on y voulait trouver, et qu'on ne peut faire un crime à cette pauvre terre de ne pouvoir fournir ce qu'elle n'a jamais eu, un grand revirement composé de beaucoup d'apaisement se produit tout à coup dans l'âme; et voici que l'on jouit de tout ce qu'on n'apercevait pas jadis et qu'on avait l'air de dédaiguer de haut, noyé qu'on était dans les brumes et les nuages de son propre cœur.

Et vraiment, comme ce bas monde tel qu'il est présente encore un assez joli jardin, on est tout naïvement heureux de la beauté du soleil, de l'éclat du printemps, de la douceur des brises et du parfum délicieux des roses.

☆

Ma réponse éternelle à ceux qui s'étonnent que j'aie à travers une vie si difficile conservé tant de sérénité :

— Je me suis appliquée à chercher le bonheur de mon malheur, et je l'ai trouvé ; — et, chez les autres, j'ai vu le malheur de leur bonheur.

☆

Il faut que l'expérience vous coûte quelque chose. Y attacherait-on le moindre prix, si on ne l'avait payée ?

☆

Ne t'afflige pas des complètes et involontaires bévues qui te surviennent : pourvu que tu fasses ton profit de l'observation que tu en retires, ton bénéfice de l'expérience qu'elles te rapportent, rien n'est perdu, mon enfant, tout est gagné!

Tu te souviens peu d'une bonne traversée monotone; tu te souviens à jamais d'une tempête et d'un naufrage.

☆

« Certaines âmes éteignent leur feu du côté du ciel, alors qu'elles tombent dans la douleur. »

(Pensée d'un livre que j'aime à citer: *Les Soirées de la Villa des Jasmins*.)

☆

Tout bien quelconque obtenu nécessite toujours un mal accepté auparavant et subi. C'est la condition souveraine, le prix indispensable des acquisitions de la vie : *Souffrir* pour *avoir*. La souffrance est un gain.

Il est entendu que je parle ici des choses de conscience et des acquisitions intérieures. Il est sans exemple — absolument sans exception — que la lutte et l'effort d'un moment n'aient pas été récompensés un jour, n'aient pas amené, conséquence immanquable, un bénéfice permanent : fruit de paix récolté dans les larmes.

☆

L'expérience de la vie ! Oui ! ayez l'expérience de la vie, car si vous ne l'achetez pas tôt, vous l'achèterez tard ; si vous ne l'achetez pas à bon compte, vous l'achèterez fort cher. Il faut — de bonne heure faisant ses provisions — acquérir de la sagesse et de la fermeté sur le grand marché de ce monde.

☆

C'est le malheur qui fut mon architecte ; et sachant que j'aurais à supporter de rudes assauts d'orage, il fortifia les hautes murailles de mon âme, et crénela prodigieusement la tour solitaire où je veille.

☆

L'expérience n'est pas faite d'une large douleur enchâssée de pensée. L'expérience est une mosaïque de soucis, de chagrins, d'écœurements, de déceptions, d'allées et venues dans le rude chemin de la clairvoyance. Les pierres sans nombre décochées par la vie, qui nous ont brisé le cœur et qui ont écrasé nos rêves ont, du même coup, enfoncé la porte de notre esprit et dégagé notre épaisse ignorance. L'expérience est le sombre bilan qui apparaît en chiffres de feu devant nos consciences à l'heure où, silencieusement, nous faisons l'inventaire de nos songes.

☆

Il faut bien payer le loyer de la vie. Celui qui par son intelligence occupe une grande place lumineuse et superbe, fièrement élevée au-dessus des habitations humaines, doit à Dieu, propriétaire de toute vie, son loyer de douleur. Le génie est le palais de l'âme. L'âme de génie doit payer à son siècle une dette de dévouement, de renoncement, d'absolu sacrifice dans sa lumière, son isolement et sa grandeur. L'âme de génie est tributaire.

☆

En ce moment, tu ne vois que le prix douloureux dont tu achètes cette chose qui s'appelle l'expérience. Console-toi ; plus tard ce sentiment aigu disparaîtra ; tu ne verras plus que cette chose elle-même, si précieuse et si rare, cette acquisition inestimable obtenue pour jamais au poids des peines, en échange d'insomnies et de larmes.

☆

Nos malheurs ou plutôt nos malentendus en face de nos vrais intérêts, les intérêts immédiats de la vie, proviennent presque absolument du manque de proportion, de la mauvaise distribution et répartition de nos devoirs nombreux : devoirs envers les autres, devoirs envers nous-mêmes. Supprimer ces derniers est détruire l'équilibre. C'est faire acte coupable, au même titre que serait l'omission de nos obligations vis-à-vis des autres. Nous nous devons à nous-même aussi bien que nous nous devons au prochain. Cultivez le champ de votre pensée, vous qui devez à autrui le pain de votre intelligence. Réservez-vous une heure de paix, vous qui avez mission de Dieu pour répandre ici-bas le jour et la lumière.

☆

Il faut savoir écarter au jeu de la vie. Je ne sais pas écarter. Il faut savoir dans la vie mettre de côté les choses moindres ou secondaires, et sacrifier beaucoup au bénéfice des choses vraiment nécessaires. Hélas! hélas! je n'ai jamais su me dégager du souci des choses accessoires, je n'ai jamais su alléger le fardeau, me débarrasser de moi-même.

A des degrés divers tout, absolument tout m'intéresse au jeu de la vie; je ne puis endiguer ma pensée, la resserrer en une seule route à suivre, l'empêcher de s'attarder aux détails inutiles. Et ainsi je
ne fais rien. Tandis que je me résous à faire ceci,
je me reproche de ne point faire cela. J'ai à peine
entrepris une chose qu'une multitude de soins né-
gligés envahissent ma pensée. Et, toujours para-
lysée, l'esprit constamment inquiet, je ne puis faire
un pas, et je me sens misérable d'être aussi per-
plexe. C'est bien à moi qu'il faudrait répéter à
chaque heure d'horloge : Ne regarde ni à droite,
ni à gauche, fais ce que tu fais. A chaque jour
suffit sa peine.

☆

C'est une erreur étrange et positivement funeste
que de s'imaginer qu'on n'a point de devoirs à
remplir vis-à-vis de soi-même, et qu'on accomplit
toute la loi en se privant et se dévouant pour les
autres.

Nous nous devons à nous-même les égards que
l'on doit à toute personne humaine; savoir : enseignement, affection, protection ; et se supprimer
de la vie n'est pas précisément accomplir le pré-
cepte de la vie.

Celui qui, ne se comptant pour rien, ne se réserve ni temps pour penser, ni retraite pour se recueillir, ni tranquillité pour travailler, attente au commandement divin qui ordonne de veiller et prier. Il faut ne pas se désintéresser complétement de soi-même, sous peine de manquer à l'harmonie du monde. J'ajoute que le serviteur des autres a d'autant plus de mérite dans l'offrande quotidienne de ses bonnes œuvres, qu'il acquiert chaque jour plus de solidité individuelle et personnelle.

Le cœur est un vase d'élection ; et c'est en cultivant la sagesse et l'intelligence, en respectant et perfectionnant la possession de soi, en trouvant le loisir de se donner à soi-même les leçons de la vie que l'âme de l'homme devient d'or pur, et prête une valeur très-grande au sacrifice quotidien de ses vertus.

☆

Dans les différents âges de la vie nous savons à peine ce que nous voulons ; mais nous savons à coup sûr ce que nous ne voulons pas : l'usage successif de toutes choses amenant le désenchantement acquis de toutes choses, et nous démontrant l'inanité de tous nos projets, ceux-ci greffés eux-mêmes sur des circonstances de passage, et profondément stériles, vides, inutiles, décevantes.

☆

Un *peu* tout de suite vaut mieux que *beaucoup*
ajourné à plus tard. La vie n'attend pas. Ce qui
doit être fait doit l'être sur-le-champ.

Et ce qui doit être fait sur-le-champ doit l'être
aussi sans intrus ni intermédiaires. La personne qui
parle doit être la personne qui agit.

S'en rapporter à qui que ce soit en ce monde —
compter sur la promptitude et l'exactitude d'un
autre que soi-même, c'est compter en voyage sur
un carrosse sans roues ni chevaux, sur un canot
sans rames, une locomotive sans charbon ni vapeur.
Plus que jamais cet axiome d'un auteur anglais me
paraît sans réplique :

« *Veux-tu qu'une chose ne soit pas faite, fais-
la faire.* »

☆

Ce qui perd le temps et ce qui perd la vie, ce
sont les compromis avec le devoir.

La souffrance est un gain immédiat. Il faut souffrir, il faut agir; il faut que toute chose soit faite
définitivement, la minute présente étant notre seule
étoffe, notre seul patrimoine.

☆

On n'est jamais mieux servi que par soi seul.

☆

Plus tard : synonyme de *trop tard*.
Plus tard : synonyme de *jamais*.

☆

Les choses basses ne doivent pas primer les choses supérieures. Ce qui vaut le plus ne doit pas céder à ce qui vaut le moins. La vie, dépôt sacré, ne doit pas tout entière appartenir aux intérêts médiocres, et faire litière des intérêts sérieux.

Comment laissons-nous si souvent gaspiller notre temps, absorber notre intelligence, enchaîner notre liberté, paralyser notre initiative par des gens qui la plupart ne nous valent point, et qui en définitive nous dominent et nous désorientent, bien loin d'être eux-mêmes dominés et dirigés par nous?

Est-ce une question de dîners, de chevaux ou voitures?

Hélas! hélas! piètre avantage et gain précaire! Le vrai gain de la vie serait de la diminuer, de la simplifier, de bien strictement la réduire, afin de

moins dérober de soi-même aux profits véritables :
la dignité dans l'indépendance, le haut bénéfice de
la réflexion, de l'observation, du mouvement libre
de ses actes.

☆

On demande de telle ou telle personne, selon sa
situation dans la vie : A-t-elle de l'ouvrage, a-t-elle
de l'argent, a-t-elle des chapeaux, a-t-elle un man-
chon ? — Et, selon la réponse qui est faite, on
dira : Elle est ou elle n'est pas heureuse ; ce sera
un léger *tant pis* ou un rapide *tant mieux*. Mais on
ne demande pas, on ne s'avisera jamais de demander : A-t-elle un cœur ? Ce cœur aimant est-il aimé ?
A-t-elle ce plus nécessaire des pains quotidiens
pour l'âme, une sainte affection qui veille sur elle,
qui adoucisse ou qui partage sa peine ou sa joie ?

Je sais une bourgeoise à qui je fais me dire vingt
fois dans une conversation d'un quart d'heure : Vous
êtes bien malheureuse, vous êtes bien heureuse, vous
êtes bien heureuse, vous êtes bien malheureuse.

Exemple. — L'entretien roule ainsi :

Moi. — Je ne sais comment payer mes contri-
butions.

Elle. — Vous êtes bien malheureuse !

Moi. — Je me suis acheté une belle robe.

ELLE. — Oh ! que vous êtes heureuse !

MOI. — Il a plu hier comme je sortais...

ELLE. — C'est être par trop malheureuse !

MOI. — Je mangerai des marrons ce soir.

ELLE. — Vous êtes bien heureuse ! etc., etc., etc.

C'est la même personne qui n'a jamais manqué d'écrire selon l'occurrence : Je suis la plus heureuse femme des femmes, je suis la plus malheureuse femme des femmes. Eh ! la plus *heureuse* ou la plus *malheureuse* des *quoi ?* pouvez-vous donc être ???

☆

Il faut prendre toute joie en passant, comme une fleur que l'on cueille ou un fruit délicieux que l'on goûte; mais n'y attacher aucune idée de durée, aucune espérance de solidité ni de certitude.

☆

Résolution. — S'acclimater aux choses qui font du mal, devant se passer des choses qui font du bien. — Ne jamais avoir à revenir sur une décision prise; et, à cet effet, tout prévoir et tout vouloir, afin que la détermination soit nette, absolue, que l'action s'en suive nécessaire, immanquable et inévitable. La vie n'attend pas.

☆

Se mettre résolûment, dès *tout de suite*, dans la vie, et mettre toute chose au *présent de l'indicatif*. Le *passé* ne nous appartient plus, le *futur* ne nous appartient pas, la minute présente est toute seule notre champ de manœuvres.

☆

Tout ce que la vie peut nous donner, ce sont des minutes. Nos grandes douleurs sont des malentendus, ce sont les désaccords de l'aspiration immortelle de nos âmes avec la mesure mortelle de nos jours.

Nous aimons sur une mesure éternelle, nous souhaitons sur une mesure éternelle, nous souffrons sur une mesure éternelle, et nous n'avons à notre disposition dans le commerce de la vie, nous ne possédons pour correspondre à cet infini de nos rêves qu'une étroite capacité bornée, tout de suite comble, tout de suite débordée...

Sachons ou accepter ce peu que la vie nous donne, ou nous tenir à l'écart du marché de ce monde. S'étonner est sottise, se plaindre est faiblesse. Nos rêves ont l'envergure trop grande, ne les laissons se poser sur aucun objet de passage. Les sentiments

sont grains de sable dans le flot incessant des journées. Toi qu'enivre le vin de l'éternité, ne bois à aucune coupe d'ici-bas : breuvage humain, breuvage
de peu, breuvage amer, goût de poussière aride et
sèche.

☆

La vie ne vaut que par l'usage qu'on en fait; et
quel plus bel usage de la vie peut-on faire qu'une
belle mort ? Je me suis trouvée dans des circonstances extraordinaires où le moindre mouvement
était un danger. J'en bénis Dieu : j'avais fait
d'avance le sacrifice de ma vie, et j'en ressens
encore une joie indicible.

☆

Le plus bel emploi qu'on puisse faire de la vie,
c'est d'en faire une mort sainte. Faire amitié avec
la mort est grandement pacifier sa vie.

☆

Je voudrais qu'on dît à ceux qui n'ont pas assez
d'amour du bien pour le bien, et à qui il faut faire
peur de l'enfer, que toute faute se paie dès cette
vie, qu'on n'échappe pas *dès cette vie* au châtiment
inévitable du mal qu'on fait, que toute mauvaise

action a sa conséquence immanquable et certaine : ceci est d'observation quotidienne, ceci est de vérité absolue. Toute semence produit une récolte, tout germe pousse et éclate. Rien n'est perdu d'aucune chose. Le mal a pour résultat le mal. Aucune cause ne demeure sans effet. La maladie est le moindre des maux qui incombent à l'homme coupable. Et combien de maladies surgissent par sa faute ! Le chagrin paraît, ici-bas, la plus violente des injustices; et combien de peines ensemencées par nous-mêmes, cultivées, mûries, rendues irrémédiables par nous-mêmes ! Combien d'actions jetées au vent prennent racine à notre insu et nous présentent tôt ou tard leur facture, comme une dette oubliée et dont il faut payer l'addition !

☆

Je me suis aperçue d'une chose, et je veux bien vite en faire part aux autres pour les encourager et les entraîner : c'est que, lorsqu'on s'est tout à fait et sérieusement résolu à prendre le taureau par les cornes, eh bien ! ce taureau n'est pas aussi terrible qu'on se l'imagine. Il y a une certaine compensation, je dirai même une certaine douceur, à la pratique d'efforts courageux. Depuis bien longtemps on a justement dit : Il n'y a que le premier pas qui

coûte. Jamais *vérité* n'a été plus *vraie*. Une fois en
route pour quelque chose que ce soit, on appartient
à la résolution qu'on a prise, ce véhicule vous
porte de lui-même, on est possédé par l'intérêt
qui tout d'un coup se dégage de l'acte qu'on fait,
comme un bénéfice déjà sensible du prix qu'on
paie.

Il ressort — immanquablement — de toute
action vigoureuse un état salubre de fortifiant bien-
être, et aussi un déplacement total du point de vue
où l'on s'était placé. Ne sait-on pas qu'en voyage
ce sont les montées les plus rudes qui aboutissent
aux plus belles perspectives?

☆

Nulle opération sans douleur; même un ennui
qu'on t'arrache te fait mal... Nous aimons la routine, même dans nos soucis, même dans nos vexa-
tions quotidiennes. L'effort de nous débarrasser
d'un encombrement, d'une difficulté, d'une inextri-
cable complication et confusion quelconque de choses oppressives, même ce fait si simple, si bienfaisant,
si salutaire, si nécessaire nous agite, nous trouble,
nous épouvante; et si nous pouvons nous y soustraire, si nous pouvons nous empêcher d'agir, nous
laissons se continuer le mal, nous refusons de le

4.

changer en bien; notre incurable paresse, notre
pusillanimité sans bornes aime l'inertie et s'y en-
fonce.

☆

Le mal est le créancier du péché; j'entends le
mal physique, car le péché, c'est le mal lui-même.
Ce créancier impitoyable peut sembler quelque
temps faire crédit, il ne fait jamais miséricorde : il
vient un jour réclamer la dette du passé. Le corps
lui-même bénéficie de la santé morale. Une âme
bien portante entretient un corps bien portant. Il
s'ensuit que dès ce monde le bien est déjà la récompense du bien, puisque le mal est à coup sûr la
conséquence du mal.

☆

Quand je fais le mal ou quand j'omets de faire le
bien, ce n'est pas aux autres que je fais du tort et
ce n'est pas la bonne opinion des autres que je vole;
c'est à moi-même que je nuis, c'est à ma conscience
très-impressionnable que je fais du tort. C'est moi-
même que je vole, oh ! que je vole bien cruellement
en blessant, fût-ce d'un oubli léger, cette susceptibilité d'une conscience qui a toujours rêvé la paix,
et que le moindre frisson de faute trouble et boule-
verse à l'égal d'une très-rude tempête.

☆

Que n'avons-nous la conscience aussi impressionnable et aussi susceptible que le corps? Une poussière nous brouille l'œil, un vol de mouche nous
est intolérable; quant à d'autres insectes que je ne
veux pas nommer, nous ne pouvons en supporter
même la pensée. Combien est plus accommodante,
moins sensible et moins délicate notre toute légère
conscience, qui va dans la vie avec un amoncellement de petits fardeaux quotidiens, quelques-uns
bien lourds, lesquels ne pèsent pas plus sur son
repos qu'une plume sur l'oiseau qui vole!

☆

Une simple tache sur la conscience détruit la vi-
gilance et supprime la paix de toute une vie.

Ainsi d'une belle étoffe jusque-là intacte et superbe; une minute de négligence, un moment
d'inattention, une surprise d'oubli, et voici qu'une
goutte d'huile est tombée, et voici perdue et ruinée
la belle étoffe intacte et superbe jusque-là.

☆

Une minute de péché : une éternité de remords.

☆

Tu porteras ta faute toute ta vie ! tu en auras la vision toute ta vie! tu en auras l'irrémissible douleur toute ta vie! oh! dites cela à quelqu'une des âmes qui vont tomber....

Beaucoup — les honnêtes — les affectueuses — les justes et les vraies — s'arrêteront à temps, se dessilleront les yeux et, sur le point de faillir, retrouveront la route unie et belle, la route ombreuse et sûre.

☆

Songe moins encore à la frivolité, à la rapidité et à l'inanité du plaisir qu'à la certitude, à l'*immanquabilité* et à l'éternité de la peine du péché !

☆

De même que, ayant pris un poison, vous ne pouvez en empêcher les ravages, quelque antidote que vous essayiez et quelque regret que vous éprouviez de votre folie, de même vous ne pouvez conjurer dans l'âme et dans la vie les suites du péché, quelque remords que vous sentiez de vos actions mauvaises.

Toute faute porte inévitablement et inexorablement en soi ses conséquences.

☆

Ne fais pas de ta vie un long malentendu;
C'est la loi : tout se paye, hélas! avec usure!
Comptable *intransigeant*, huissier inattendu,
Le malheur vient un jour exiger sa facture!

☆

Le plus grand trouble d'une intelligence et son
malheur immédiat est de ne point vivre selon la
destination pour laquelle Dieu l'avait créée. Il n'y a
point à sortir de là. Nous ne naissons point indifféremment. L'âme a, comme le corps, ses conditions
de climat, sa raison d'être en tel lieu et telle place,
d'habiter en tel temps et tel siècle.

Il y a pour chacun de nous ici-bas fonction ou
mission. Du moment que vous détournez de son
appropriation providentielle, de sa fin particulière
et précise l'existence d'une personne humaine, vous
la condamnez à la pire souffrance, vous lui infligez
le supplice du poisson sur le sable et de l'oiseau
dans l'eau.

Ne cherchez donc nulle autre raison sérieuse et
juste à ces aspects tourmentés de gens mécontents,
inquiets, irrités, en querelle constante avec tout le
monde, d'une impressionnabilité nerveuse, fié-
vreuse, sans cesse agressive et hostile. Ces gens

mécontents sont malades, ils ont mal à l'âme. Leur
conscience saigne, je vous le jure. Ces gens mécontents n'ont pas rempli le programme de leur vie,
ils ont manqué à leur destination sur la terre ; ils
existent en dehors des lois de leur être ; la logique
de l'œuvre divine est faussée et blessée en eux ; ils
souffrent, s'agitent, se retournent dans la vie ; et la
lumière, cette lumière « *qui éclaire tout homme
venant en ce monde* », leur découvre, comme en des
profondeurs d'abîme, le gouffre infini de leur misère.

Point de repos possible, point de distraction, de
plaisir, de bien-être et de paix sans la santé. Celui
qui n'a point fait son devoir est malade. Nulle flatterie n'y remédie. Nulle bassesse d'autrui n'en
guérit ou soulage. La condamnation d'une vie
manquée est nécessairement, fatalement le mépris
de soi-même. Traduisez ainsi pour bien des malheureux — soi-disant les heureux de ce monde —
le mépris extraordinaire qu'ils font des autres, l'a-
mertume qu'ils répandent, le dédain qu'ils affichent
pour l'humaine espèce, la misanthropie qui les
ronge, les aigrit et les tue.

☆

Quand on n'a pas une chose, il faut s'en consoler en..... la méritant.

✩

Moins on a à porter, mieux on marche.

✩

Nous ne sommes pas dans la vie pour rêver, aimer, nous leurrer; nous sommes dans la vie pour écouter, apprendre, savoir, pour saisir au passage toutes les vérités que l'expérience attentive de chaque jour ne manque pas de nous apporter à pleine récolte dans les mains.

✩

Qu'avez-vous fait pendant la vie?
(Une question de la dernière heure.)
— Je me suis tenue debout, et, en vérité, cela n'était pas facile.

✩

En aimant le bien, j'ai voulu non-seulement ce qu'il y avait de bon dans la vie, j'ai voulu ce qu'il y avait de *meilleur*.

✩

Avoir quitté les intérêts de passage, c'est habiter déjà les sommets éternels.

☆

Je vous en prie, cessez de féliciter quelqu'un qui, en quelque chose que ce soit, et voulant le bien, a réussi : il est payé — par le succès, — il est payé et au centuple de toute sa peine. Ne l'importunez pas, ne| l'embarrassez pas de compliments, ne le troublez pas de remerciements qui le gênent. Sa conscience délicate y répugne.

Réconfortez plutôt, consolez et plaignez celui qui, poursuivant le même but et déployant les mêmes efforts, a échoué dans son entreprise. A celui-ci toute votre reconnaissance; à celui-ci toute votre tendresse. Car sa bonne action est sans fruit; ce qu'il a semé est tombé inutilement sur la terre ingrate; la volonté de son cœur s'est perdue, sa chère compassion a sombré dans l'ombre !

☆

« Je ne veux pas de narcotique. »

Ils lui disent toujours : Cela changera; vous vous méprenez sur vous-même; votre situation finira bien par se dégager un jour et devenir meilleure. Et ils ne veulent pas comprendre, ils ne *peuvent pas comprendre* que son stoïcisme de vie intérieure ne comporte pas cette faiblesse ou cette hypocrisie d'espoir et de chimère. Cette âme-là ne s'attarde pas dans les rêves. Elle ne se console point de ce qui est par le brouillard de ce qui n'est pas. Elle s'est disciplinée et elle a accepté son sort. C'est avec son fardeau qu'elle marche, et encore tient-elle la tête haute. Il ne s'agit point pour elle de mettre ce fardeau à terre, il s'agit de le bien porter sans témoigner de fatigue, sans trahir aucun découragement, aucune défaillance.

☆

Je ne suis pas une personne à qui l'on puisse dire quand je souffre, les yeux grands ouverts avec ma pensée pour sentinelle : *Cela passera; non, vous ne souffrirez pas toujours; vous n'êtes pas aussi malade que vous le croyez; votre position changera...*

Je suis la personne digne de toute vérité à qui il faut dire : Oui, tout cela est tel; oui, tout cela est triste; oui, tout cela est difficile, et rien ne changera en mieux : c'est cela qu'il faut accepter, c'est cela qu'il faut subir, c'est cela qu'il faut souffrir absolument. Peut-être même — qui sait? — plus tard — tout ce fardeau sera-t-il encore pire.

☆

Égoïsme humain : quel pléonasme !

5

☆

L'homme est à la fois égoïste et sociable ; égoïste,
parce qu'il veut que tout concoure au bénéfice de
son bien-être ; sociable, parce que, ses petits intérêts satisfaits, il ne peut supporter le poids de la
solitude, et qu'il lui faut pour ses menus plaisirs la
compagnie du prochain qu'il contrôle, ridiculise
ou déchire à belles dents, selon l'humeur et le
quart d'heure de sa fantaisie.

☆

La volonté dans le mal s'arrête à moitié chemin,
de même qu'elle est défaillante et trop tôt lassée
dans le bien. L'homme est limité en arrière comme
en avant. Ce qu'il prémédite, il l'abandonne, et les
attraits du vice perdent eux-mêmes de leur prestige
du moment qu'il en atteint le fond.

Ce qui lui est naturel, parvenu à une certaine
maturité dans la vie, c'est une habituelle lassitude
qui n'est pas toujours l'indifférence, mais qui y
mène et qui le désenchante de tout, même des
attrayantes choses défendues...

☆

Il y a des défauts qui sont peu de l'individu, qui

sont le fait de la nature humaine. Il faut souvent n'en guère vouloir aux personnes. La meilleure manière de s'arranger avec la vie serait de ne lui demander que ce qu'elle a, de ne voir en elle que ce qu'elle est, et de ne point s'attacher là où les racines manquent, là où manquent les conditions de paix et de durée. L'homme subit sa fatalité d'homme. Il passe, et toutes les choses qu'il touche passent comme lui.

Mais nous possédons une obstination incurable; et tel qui sermonne et fait l'habile se laisse prendre à se plaindre aussi.

Voyons donc juste, voyons donc clair; soumis au régime de la terre, n'accusons pas ses maigres fruits; ne mettons point sur le compte de l'individu ce qui est le propre de la nature humaine. Chacun fait ce qu'il peut; tant pis, le vase étant étroit, si la mesure est dérisoire.

Ce n'est pas l'homme qui est mobile, fragile, changeant, précaire; c'est l'humanité elle-même dont il n'est qu'un frêle nourrisson. Comptons avec l'humaine nature; et, dans le détail de la vie, quelles que soient nos tristesses, quels que soient nos affronts, soyons pour les individus, doux, patients, compatissants, indulgents, généreux.

☆

Sois doux avec les bons parce qu'ils sont bons ; sois doux avec les méchants pour qu'ils le deviennent.

☆

Nous nous inquiétons bien plus de réformer les défauts des autres que nous ne nous occupons de les accepter et de nous conformer à eux, de nous habituer à eux, tels qu'ils sont.

Nous nous attachons les gens, moins par nos mérites, que par ceux que nous nous plaisons à discerner, à reconnaître et à faire valoir en eux.

☆

Tout au plus peut-on persuader les gens du tort qu'ils se font ; n'essayez pas de les persuader du tort qu'ils ont.

☆

Beaucoup de personnes ne disent du mal des autres que parce qu'elles s'imaginent que c'est infiniment spirituel. Si on leur démontrait que cela ne l'est pas, elles y renonceraient sur-le-champ.

☆

Lorsque nous avons fini d'en vouloir aux gens
pour leurs défauts, nous leur en voulons pour leurs
qualités: celles-ci, à la longue, nous semblent plus
insupportables que ceux-là ; nous nous apprivoi-
sons difficilement avec la pensée du mérite des
autres, et, de guerre lasse, nous le leur reprochons.
Tel, qui est forcé de reconnaître en son concurrent
une distinction d'esprit véritable, fait observer qu'il
manque — au point de vue de l'intelligence — de
certains autres avantages beaucoup plus précieux
et à coup sûr plus rares. Reposez-vous sur le jugement de vos meilleurs amis pour le décompte des
facultés que vous n'avez pas. L'opinion publique,
toujours restrictive en fait d'éloges, peut recourir,
sans plus de recherches, à cette source d'informa-
tions toujours précise et toujours prête.

☆

Quelque bien organisé que soit un corps, quelque bien équilibrée que soit sa structure, quelque
magnifique et solide que soit sa constitution, aussitôt que la vie s'en retire, la corruption s'en empare ; la vie, c'est-à-dire l'action.

De même pour l'esprit : quand l'activité cesse,

quand la culture intellectuelle s'interrompt, la corruption commence : *absolument*, l'entretien de la vie physique, la conservation de soi-même, c'est l'action ; l'élément indispensable, la condition *sine qua non* de la vie morale, c'est l'action.

☆

Le chef-d'œuvre du courage et le triomphe de l'habileté, c'est, au jeu de la vie, de gagner la partie sans atouts dans la main, et avec les seules mauvaises cartes de la pauvreté, de la dignité, de l'honneur.

☆

Dors, mon petit enfant, dors !
La vie est une amère chose.
Abrité sous ton rideau rose
Des bises rudes du dehors,
  Dors, mon petit enfant, dors !

Dors, mon petit enfant, dors !
Tu devras dans le flot des âmes,
Plus tard, faire force de rames
Et lutter de tous tes efforts :
  Dors, mon petit enfant, dors !

Dors, mon petit enfant, dors !
Dieu mette à ton cœur l'innocence,
Dieu mette à ton front la puissance
Pour combattre et pour vaincre alors :
  Dors, mon petit enfant, dors !

☆

Aime ce que tu fais. Un intérêt est caché en toutes choses; découvre cet intérêt certain. La fleur de la vie se dresse dans les épines. Que tes épines offrent une belle fleur, haute et superbe.

☆

En toutes apparences de choses agitées et remuées, 'objets de service, affaires quotidiennes, soins, dépenses, menue monnaie de ménage, déplacement et mouvement, le désordre n'est qu'à la surface, les grandes lignes de la vie sont immuables.

Ainsi, toute pareille au tumulte seulement extérieur de mon pauvre gîte, l'agitation de ma pensée n'est, elle aussi, qu'à la surface, le trouble visible est superficiel; la paix inviolable est au fond de moi-même. Ouvrez toute grande mon armoire, vous trouvez l'ordre et le rangement. Ouvrez toute grande ma conscience, vous trouvez les profondeurs calmes.

☆

Je ne me couche aucun soir sans cette pensée qu'un jour viendra où je ne me relèverai plus jamais. Combien plus forte et plus intense cette

pensée me possède quand, malade, accablée,
éperdue, je m'allonge dans un lit de douleur, je
dirai presque d'agonie ! Alors, avec cette clarté qui
s'impose aux mourants, je vois passer dans sa
réalité glacée le spectacle impassible des choses ;
et une acceptation inouïe me vient d'arriver à travers la mort au silence et au repos où la mort veut
bien me conduire. Et puis, c'est une résolution de
plus en plus énergique de me dégager de cette vie,
de la simplifier, de la réduire, et, par le bien désintéressé, de préparer doucement, paisiblement,
continûment, la mort prompte ou lointaine.

☆

Il me serait impossible de faire comprendre aux
autres, ainsi que je l'éprouve, la sorte de douceur
que je ressens à la pensée continuelle de la mort.
Expliquons-nous. La mort, ce n'est point pour moi
la pensée terrifiante du dernier acte lugubre que
représente l'heure finale de la vie. Ce n'est point
exclusivement non plus la méditation religieuse,
expressément contemplative des peines ou des joies
qui peuvent suivre cette heure solennelle. Non ! La
mort pour moi est une haute et sereine pacification
des troubles effrayants de ce monde. C'est un terme
immanquable, un terme assuré, à tout ce que l'on

voit, à tout ce qui se passe ici-bas d'attristant ou
d'étrange.

Que les gens me pardonnent ! Tous, jeunes,
vieux, laids, beaux, riches, pauvres, hommes,
femmes, garçons, filles, je les déshabille, oui, tous,
— quands ils ou elles me parlent — de leurs costumes d'arlequins, j'enlève d'un coup de la pensée
les oripeaux carnavalesques de la vie, et je me représente le dernier vêtement : la boîte étroite de
sapin ou de chêne.

Cet *à quoi bon* ? philosophique qui tranquillise
tant les fièvres humaines, je l'entends en moi résonner à toute heure. A quoi bon ces ambitions,
ces jalousies, ces haines et ces plaintes ? A quoi
bon ces malices ? Pourquoi faire, ces convoitises
insensées, ces âpres poursuites ? Pourquoi faire,
ces toilettes, ces parades, ces décors ? A quoi bon,
cœur infini, ces battements effrénés pour des
choses mortes ? Demain, ce soir, tantôt peut-être,
un son de cloche sinistre va retentir, un coup mystérieux va être frappé à la porte de la vie. Et, au
milieu du silence, s'allongera, avec l'ombre de nous-
mêmes, la boîte étroite de sapin ou de chêne.

Et, avec ce sentiment toujours présent du déménagement peut-être immédiat pour l'éternité, s'o-
père avec tranquillité la paisible préparation de la

B.

mort; et cette toilette qui toute seule signifie quelque chose, la toilette de l'âme s'ajuste simple et belle dans la conscience claire et droite. Le voyageur fatigué entrevoit la station prochaine. Et, puisque tout s'arrête, et puisque la mort tout à l'heure va passer, à quoi bon ces tristesses? pourquoi faire, tant de larmes?

Je vous le dis en vérité, la pensée de la mort est chose tonique, vivifiante et rasséronante.

☆

La mort n'est importante qu'au point de vue particulier des individus. Au point de vue général ce n'est même pas un accident; c'est le mouvement du temps qui marche.

A travers toutes nos obstinations d'existence la nature incessante va son train. Ici elle sème, là-bas elle fauche ; la même brise indifférente passe sur le berceau qui s'ouvre et sur la tombe qui se ferme. Le char de la vie broie à chaque tour de roue des détritus de choses humaines, et le soleil luit éternel.

☆

Concevriez-vous un paysage de campagne ou de ville sans clocher ni église? Je ne comprendrais

pas davantage la pensée sans croyance, flamme et
lumière visibles en haut, très-haut!

☆

Il faut aller dans le monde, sortir de chez soi, ne
fût-ce que pour prendre sa propre mesure, perdre
le sentiment de sa seule importance...

L'éternel vis-à-vis de soi-même enlève toute notion de justice, toute idée de proportion, d'exactitude et d'harmonie.

☆

L'écueil de trop vivre devant soi et chez soi est
le manque de proportion et de lumière auquel
aboutit forcément la pensée, trop privée d'horizon.
Le véritable observateur s'intéresse à toutes les
manifestations de la vie et tient compte de toutes
les circonstances de la destinée. La diverse interprétation des phénomènes du monde, selon le rayon
visuel de chacun, constitue l'échelle infinie de couleurs à travers lesquelles, se colorant de prismes
vibrants, l'esprit du penseur déroule le tableau
incessant des sociétés humaines.

☆

Quittons les disputes des hommes, ces poursuites insensées du néant et du rien. Laissons se débattre ces puériles convoitises, montons au-dessus des brouillards, atteignons les choses éternelles. O paix, détachement des choses agitées ! O repos, tranquillité ineffablement souhaitée, ineffablement obtenue, béatitude infinie, même sur la terre ! O possession de la pensée, inaccessible aux flèches vertigineuses des ambitions jalouses, joie *d'être* sans le trouble incessant de *paraître !*

C'est là-haut, là-haut, toujours plus haut, en vue du ciel immuable qu'il fait bon de respirer, de dépouiller les vanités stériles, de façonner en présence de Dieu la conscience immortelle, de déployer à grande envergure l'aile palpitante de l'âme délivrée ! Ne vouloir rien, ne rêver rien, n'espérer rien, ne rien attendre, habiter la certitude, revêtir la sérénité, anticiper l'éternité immobile, quelle révélation de lumière, quelle vision de félicité ! Quittons les disputes des hommes, montons au-dessus des brouillards, atteignons les hauteurs éternelles !

☆

Renoncement : sécurité.
Renoncement : paix et repos.

☆

.... Et l'Esprit de Sacrifice étendit ses grandes ailes et lui dit : La tâche n'est jamais finie, la consommation de douleur n'est jamais complète. La meule du chagrin tourne toujours, tourne toujours, et le cœur qui s'y broie et s'y brise, ce cœur tout pantelant et tout sanglant doit rester sous la roue éternelle et s'y toujours broyer et s'y toujours briser, et sentir toujours et toujours recommencer l'action incessante, impassible et fatale. Plus encore que dans l'acceptation courageuse le mérite est dans le silence. Se soumettre est bien, se taire est mieux. Saigne si tu veux, saigne, tombe et meurs : ne pleure pas !

AMOUR ET CŒUR

AMOUR ET CŒUR

Tu auras seize ans demain, chère enfant ; tu es
jolie, intelligente, spirituelle et vive ; beaucoup
déjà t'ont regardée, et ton cortége va sensiblement
se grossir à chacun de tes jeunes pas dans ton aurore et ton printemps de vie. Bientôt, même, quelque gentil époux demandera ta petite main blanche
pour faire avec lui le grand et long voyage de ce
monde. Écoute-moi, ma fille : choisis un bon et
doux cœur qui chérira tout simplement ton bon et
doux cœur. Ne recherche pas une supériorité d'esprit, défie-toi d'une faculté trop haute, garde-toi
de ce qui éblouit les femmes. Ce qui attirerait tes
regards, mon enfant, attirerait aussi les regards
des autres, et la compagne d'un homme public n'a
qu'une bien petite part, éternellement disputée,

éternellement convoitée dans ses amitiés ou ses
préférences. Le bonheur est modeste, il lui faut un
discret sanctuaire, orné loin des jaloux pour une
seule et mystérieuse idole. Le dévouement d'une
amie n'est senti que par le cœur sans prétention
d'un ami qui n'a rien à faire avec la réputation, le
succès, les vaines flatteries, les coquetteries incessantes de la gloire. — Ce beau voyage de la vie
où peines et joies sont portées ensemble n'admet
pas de distractions étrangères. Mais, pour trouver
ce doux cœur, cette amitié fidèle, je veux te donner un conseil, ma mignonne : cache ton esprit.
Les hommes n'aiment pas, ils redoutent et ils
fuient, quand ils ne le méprisent pas, l'esprit trop
distingué d'une femme. Que j'en ai vu, dans ma
longue carrière, de ces naïves imprudentes qui
perdaient, sans s'en douter, et leur temps et leur
cœur ! Elles s'imaginaient, les insensées ! être re-
marquées parce qu'elles étaient remarquables, être
préférées, parce qu'elles étaient supérieures. Elles
faisaient cas, ces ignorantes ! de leurs qualités d'esprit, et elles se persuadaient, grâce à cet avantage,
attacher plus sûrement, attacher immanquablement les héros de leurs rêves ! Ma chère petite,
elles ne réussissaient toutes qu'à être ridicules ou
victimes : aucun vrai cœur n'accourait à l'appel de

leur esprit. Elles avaient l'infaillible humiliation d'assister, tout près d'elles, au triomphe de sottes, plus jolies, moins soucieuses, sans valeur aucune que leur sensible et immédiate beauté. Celles-là même, avec qui, nécessairement, il fallait compter, pouvaient être un moment admirées, un moment la curiosité ou la vanité les recherchaient; mais il ne leur était pas permis de se faire illusion un quart d'heure : ce n'était jamais de l'amour qui venait à elles, elles n'étaient jamais aimées!

Toi, mon enfant, sois heureuse, c'est-à-dire sois aimée! Tu as la beauté, n'aie que cela, tu es bien sûre de plaire. Ton jeune époux s'éprendra de tes yeux, son orgueil d'homme sera flatté de ta tournure. Plus tard il découvrira ton cœur, ce cœur qui l'aimera : autre conquête qui lui sera précieuse! L'habitude du bonheur le liera à toi. N'aie pas d'esprit, mon enfant! N'aie que celui de ne pas en avoir! Aie le courage, aie la prudence de n'avoir que la supériorité du silence et le charme du rire. Les chemins à deux seront ainsi faciles, ils auront du soleil : ta petite main ne sera pas quittée pour d'autres mains coquettes; et d'étapes de bonheur en étapes de bonheur, toi et ton ami vous arriverez vieux au commun repos, partis jeunes avec des fleurs dans la main, les fleurs du jardin de la vie!

☆

C'était une charmeuse. Ce n'était pas qu'elle fût belle ; non, pas du tout. Mais elle avait des yeux étranges, d'un attrait, d'une douceur et d'une vivacité infinis, extraordinaires, des yeux électriques et magnétiques à la fois. Jamais ces yeux-là n'auraient pu se peindre ; leur reflet était changeant, et leur expression mobile comme la mer capricieuse. Sa bouche était la plus expressive et la plus caractéristique qui se pût voir : d'une fermeté égale à la tendresse ; un air de grande bonté dominait tout le reste. Mais la malice avait son tour, et aussi une sorte de gaieté la plus communicative qui fût au monde...

..... Sa pensée plongeait par le rêve dans l'infini des cieux, en même temps qu'elle creusait dans les entrailles de la conscience des profondeurs voisines de l'abîme...

☆

Indulgence : trop souvent, *indifférence*.

Que votre indulgence soit de la bonté ; que ce ne soit jamais de l'indifférence !

☆

A force de travailler et de s'endurcir au maniement des choses, les mains deviennent rudes et calleuses ; le cœur aussi, à force de s'endurcir pour soi, peut devenir *calleux* et rude pour les autres. Prenez-y garde ! Ne faites pas aux autres ce que les autres vous font : tant de peine !

☆

Nous, femmes, les deux bras croisés sur la poitrine,
Saintement, fièrement au poste du devoir,
Nous marquons ici-bas l'autorité divine,
Et nous illuminons l'horizon le plus noir.
La royauté de l'homme est de sceptre et d'épée ;
La nôtre irrésistible est faite de rayon.
Force puissante et douce et d'ombre enveloppée,
Nous sommes la pitié, nous sommes le pardon :
De flammes et d'éclairs l'âme sept fois trempée !

☆

Comme cette âme a été sa propre maîtresse ouvrière   se façonner ainsi ! Que de travail pour s'équ   e régulariser, se polir, pour se faire immu   e et se durcir ! Oui, comme il a fallu labourer ce terrain pour arriver à ce résultat aussi absolu d'impersonnalité, à ce résultat merveilleux ! Comme la pioche et le marteau solitairement ont fait leur œuvre !

☆

C'est une âme faite d'un si précieux métal ; l'or

sorti de cette fournaise de douleur est si éclatant et
si pur, que la figure en a revêtu comme un rayonnement de lumière que nulle beauté humaine ne
saurait égaler ici-bas.

☆

. . . .

. . . . . Son esprit, qui s'était troublé, s'était
arrêté à une idée fixe, à une même image éternelle;
ainsi une horloge dont le grand ressort s'est brisé
marque toujours et à jamais la même heure.

☆

Sentir cette douceur du bien qu'on a fait aux
autres : voilà toute, *toute* la consolation de la vie;
voilà *toute* la bénédiction qu'on peut et doit recueillir des souffrances.

All is over of this side of the grave!

Après l'agonie violente d'une amitié ou d'un
amour obtenir la mort *calme, sans reproche*, sans
ressentiment, sans ressouvenir, sans allusion : *all
is over !*

☆

Après la défiance absolue est venue pour moi la
confiance excessive; et tout ce que je puis, à pré-

sent, c'est être triste pour les autres ; c'est, pour les autres, être indulgente, bonne et douce.

Pour extraire une goutte d'élixir des plantes amères de la vie, que d'ingrédients dans le mortier, que d'illusions sous le pilon !

☆

Ma prière de chaque matin : Mon Dieu ! ce que vous voudrez et comme vous le voudrez !

☆

Dans la vie, l'affection ne doit être que le détail, l'ornement, pour ainsi dire, la broderie ; la toile de fond, immuable et sacrée, c'est le devoir.

☆

Bonne conduite, bonne conscience, sagesse : arrhes du Paradis.

☆

De même qu'il vient lui confier son bonheur et sa paix, l'homme qui aime une femme vient lui remettre son honneur à garder.

L'amour vrai touche d'autant plus une femme délicate qu'il exprime de la part de l'homme le plus haut témoignage d'estime que créature humaine puisse accorder à une autre créature humaine : la confiance.

☆

L'ÉPOUSE

I

Oh! oui! je t'aimerai de toute ma pensée
Et de tout mon esprit, comme de tout mon cœur!
Ne crains pas que jamais mon âme soit lassée :
Ma vie est ta fortune et sera ton honneur.
Que cet entier amour soit ta force et ta joie!
Il ne sait point décroître, il ne peut point tarir.
Mes pieds n'ont ici-bas marché qu'en une voie :
J'ignore le mot lâche et vil qui dit *trahir!*
Que me ferait l'hommage ému des autres hommes?
Rien n'existe que toi, mon maître, mon époux,
Toi, mon seul dieu vivant sur la terre où nous sommes,
Toi, toute ma prière, et que j'aime à genoux!
A toi seul ma beauté, ma fierté, ma jeunesse;
A toi chaque parole, à toi chaque soupir;
A toi mon âge mûr et bientôt ma vieillesse;
Comme tout mon passé, pour toi mon avenir!
Prends l'infini trésor d'un dévouement immense,
Le cœur le plus sensible est aussi le plus fort;
Vienne un jour la tristesse et vienne la souffrance,
Tu verras qu'il est ferme et sûr jusqu'à la mort!
C'est surtout pour souffrir à deux qu'on aime ensemble;
Le rêve du bonheur passe comme un éclair,
Les roses de vingt ans tombent au vent qui tremble,
Le nuage envahit le regard le plus clair;

Mais la petite main dans la tienne posée,
O toi mon jeune époux, plus tard mon vieil époux,
Cette étroite main-là ne peut être brisée,
C'est une chaîne d'or invulnérable aux coups.
Ce doux cœur est vaillant, qui t'admire et qui t'aime!
Aujourd'hui fait de feu, tu le verras de fer!
A l'heure de l'épreuve, à ce moment suprême
Où sombre quelquefois notre espoir le plus cher,
Tu t'appuieras sur celle, à jamais ta compagne,
Qui saura centupler, s'il le faut, son amour;
Et ses pieds sans fléchir graviront la montagne,
Et ton fardeau sera le sien, jour après jour.....

II

Pose bien sur son cœur ta tête fatiguée!
Cette âme t'appartient : avec toi triste ou gaie.
Ton regard — sombre ou clair — fait le ciel de ses yeux.
Ton front se couvre-t-il, le sien est soucieux,
Et le même nuage obscurcit sa pensée!
Ce qui t'oppresse rend sa poitrine oppressée,
Et son cœur ne bat plus qu'aux battements du tien...
Toi seul es tout son souffle, et le reste n'est rien...

Oh! quelle paix d'amour, quelle douceur profonde
Dans cette sûreté presque inconnue au monde,
Ce trésor de tendresse et de félicité,
Ce refuge de calme et de tranquillité
Que ne peuvent troubler le vent ni la tempête!.....
. . . .
Oui, sur son cœur loyal tu peux poser la tête,
Ton bras peut sur son bras se fier en chemin,
Et ta main s'appuyer sur sa petite main. . . . .

6

☆

L'AUTRE

O pauvre enfant perdue, ô triste demoiselle,
Qu'as-tu fait de ton âme et si haute et si belle,
Cette âme de lumière et de limpidité
Où se mirait un ciel d'exquise pureté,
Où, dans ton rêve ailé traversé par les anges,
On eût surpris le chœur des suprêmes phalanges,
Où, dans ta paix sans tache et ton ardente foi,
Dieu lui-même eût causé face à face avec toi?

Jamais sur cette terre au mal prostituée
Créature fut-elle en naissant mieux douée?
Les parterres du ciel t'avaient prêté leurs fleurs,
Et c'était sur tes pas d'éclatantes lueurs
Répandant à l'entour une ivresse inouïe :
Charme, grâce, noblesse, amour, fierté, génie,
Ce qui met la couronne au front, le sceptre aux mains,
Ce qui fait qu'on est roi sur les pâles humains
Et qu'on a la puissance et qu'on a l'auréole,
Et qu'on soumet le monde à sa seule parole!
Oh! tous ces dons brillants, devenus dons cruels,
Ces blancheurs, cette paix, trésors spirituels,
Ce pouvoir de beauté, privilége des fées,
Quoi! toutes ces splendeurs éteintes, étouffées!...

Oh! possédant le Beau, si, pratiquant le Bien,
O triste demoiselle, ô pauvre enfant de rien,
Au lieu de te mêler si bas à la poussière
Si tu fusses restée en ta pure lumière!
Si tu l'avais voulu, quel rayon étoilé
Eût inondé la route où ton cœur fût allé!

. . . .

☆

RÈGLEMENT DE COMPTE

Toute seule! O misère! O confusion vive!
La mort franchit le seuil, c'est le dernier convive!
La voici solennelle avec l'étoile au front.
Les amis sont partis d'un vol magique et prompt!
Le grand fantôme noir, en lugubre toilette,
Prend sa place au festin dans la salle de fête,
Et d'un signe de lèvre et d'un clignement d'œil
Commande à ses valets : le Silence et le Deuil.

Quoi! toute seule! Quoi! ce palais magnifique
N'a donc plus ses banquets, ses flatteurs, sa musique!
En ce suprême jour et ce suprême appel,
Quoi! la Divinité n'a donc plus son autel
Et de ses courtisans n'est plus environnée!
Quoi! peut-elle se dire une heure abandonnée!
Les lustres sont encore étincelants partout,
Les fleurs vivent dans l'or, les flacons sont debout,
La flamme du foyer monte et se précipite,
On dirait qu'on attend quelque illustre visite...

Visite!... Oui! Taisez-vous : la mourante reçoit.
Son regard s'illumine, elle montre du doigt,
Elle compte un par un et nomme des visages.
La voici qui revoit de lointains personnages;
Tout son passé s'avance en ordre lentement,
Se dresse, l'envahit, l'étreint distinctement...
Ah! ce sont deux enfants : garçon brun, fille blonde...
« Mère! qu'avez-vous fait seule à travers le monde?
« Mère! qu'avez-vous fait? Tous nos baisers d'amour
« Auraient tant consolé ce triste dernier jour!

« Mère ! point de gazon sur nos petites bières !
« Nulle rose n'y croît sans les larmes des mères ! »

Et lui ! lui ! cet époux qu'elle aurait dû chérir,
Cet ami qui l'aima jusqu'à vouloir mourir,
Lui léguant pour adieu sa pitié généreuse !...
« Oh ! si du moins, dit-il, elle eût pu vivre heureuse !
« Mais rien n'était réel de ce qu'elle rêvait,
« Rien ! que le désespoir veillant à son chevet !
« De ceux-là qu'elle aimait aucun n'est là : personne !
« Si mon pardon peut être doux, je lui pardonne ! »

Et terrible, implacable, en cohorte passait
Le cortége effrayant qu'en vain elle chassait :
Visions de sa vie aux apparentes roses,
Serments railleurs, mépris des gens, mépris des choses,
Lassitudes, dégoûts, écœurements amers,
Écroulement sans fin des songes les plus chers...
Et comme un glas pleurait une voix douloureuse :
« Oh ! si du moins, une heure ! elle eût pu vivre heureuse ! »

☆

L'important, dans la vie, c'est, non pas de supprimer la passion, mais de la bien placer. La passion de l'art, la passion du bien, la passion de l'étude, la passion de la charité, la passion du dévouement et du sacrifice, la passion de l'honneur et de la vérité sont de superbes dérivatifs à la passion proprement dite.

Ainsi, au lieu de potiches, au lieu de fantaisies ineptes ou ridicules, vous achetez de votre bel or,

de votre bel argent reluisants des choses magnifiques, imposantes et durables.

Que votre esprit et votre intelligence, au lieu de
se supprimer cruellement ou de se gaspiller avec
folie, s'achètent de belles, de saintes, de perma-
nentes jouissances. Le bon emploi de la passion
ressemble par là au bon emploi de la fortune.

☆

Oui, laissez à cet esprit plantureux ses folles
herbes et ses fleurs mêlées ! Ce désordre prouve sa
vitalité et sa force. Laissez donc l'homme être lui-
même ; tel un champ avant la moisson présente à
travers ses hautes tiges d'épis d'or des coquelicots,
des chardons, de vigoureuses pousses obstinées,
des bleuets entrelacés aux marguerites, un fouillis
de fécondité, d'exubérance et de jeunesse d'où jail-
lira la récolte magnifique ; l'esprit de l'homme est
un chaos avant d'être une musique ; il ne devient
un firmament qu'après avoir paru être quelque
temps un abîme...

☆

Hélas ! le malentendu est de toujours juger la
passion comme un désordre, de ne jamais la juger
comme une souffrance.

☆

Permettez-moi, chère enfant boudeuse, permettez-moi de vous dire ceci, chère enfant fâchée :
vous comparez entre elles des créatures distinctement séparées, des créatures de Dieu qui ne se ressemblent pas, dont le cœur et l'esprit sont de sexe
différent, comme le corps. Femme, vous jugez en
femme les hommes qui ne sauraient être jugés
qu'en hommes. Votre tendresse de femme, votre
suprême délicatesse, votre impressionnabilité exquise demandent ces qualités de fleurs au rude
genre masculin qui n'en peut mais; vous voudriez
par un homme être aimée comme seulement peut
aimer une femme. Souriez de vous-même, chère
enfant, et n'insistons pas.

Vous vous offensez également des différences de
température affectueuse que vous remarquez quelquefois dans l'amitié véritable de vos meilleurs
amis. Consultez donc mieux les influences extérieures : un temps gris assombrit celui-ci, le soleil
anéantit celui-là, une migraine prive d'amabilité tout
le monde ; une affaire manquée peut préoccuper et
entièrement absorber votre frère le plus tendre ; une
mauvaise nuit chasse la belle humeur. Je dirai plus :

les dispositions à la causerie ne sont pas tous les jours les mêmes; l'esprit se lève gai ou l'esprit se lève triste; les empressements sont plus vifs ou plus tièdes selon le courrier du matin, selon une bonne ou une fausse digestion, selon les rencontres de la promenade ou de la rue. Le printemps, cette saison délicieuse et charmante, n'est pas toujours au beau fixe. Le printemps, chère enfant, a des neiges et des giboulées, sans pour cela cesser d'être le printemps. L'été, le cher été, est gros d'inégalités et d'orages; tout à l'heure, votre mante de mousseline était trop épaisse; ce tantôt, qui sait si vous ne regretterez pas vos fourrures! Et cependant l'été, cette pourpre, passion et explosion, apothéose de la nature, est l'été depuis juin jusqu'au froid octobre. — Admettez aussi, chère enfant, des variations dans le thermomètre ou le baromètre de *l'expression du cœur*, et n'en veuillez jamais à vos bons amis de leurs involontaires nuances. Laissez passer les giboulées, le soleil est si doux ensuite! N'ayez pas même peur de l'orage! laissez se jouer les brises légères; le calme qui leur succède est si vivifiant, les clairs de lune sont si magnifiques!

☆

Nature austère et gaie, traversée de fulgurants

éclairs, âme passionnée et humble, généreuse jusqu'à la folie, sauvage, étrange, d'une concentration absolue, d'une puissance d'observation sans
pareille, et d'une infinie douceur; la clairvoyance
et la résignation à la fois : volonté, pitié, enjoue-
ment et jeunesse ! J'ai nommé Berthe.

☆

Regardez-la. Voyez ! Elle lève la tête !
Que de tranquillité, que de paix satisfaite,
Que d'auguste douceur dans ses traits lumineux,
Qu'il fait bon de sentir le regard de ses yeux !
Une âme merveilleuse et vibrante y rayonne.
Ce cœur-là n'a jamais fait de peine à personne;
Simplement, humblement, avec zèle, avec foi,
Charmante, elle versait le bien autour de soi ;
Et le divin repos, couronnement d'azur,
A mis une auréole à son front lisse et pur !

☆

Laissant faire à la nature seule, que de féeriques
beautés parmi les ruines les plus désolées ! Ainsi,
parmi les tristesses aiguës, que de paysages souriants, entrevus par éclairs dans l'âme !

☆

— Oh ! les heureuses gens en bonne santé,
comme avec désinvolture ils parlent des malades !

comme si la balance pouvait se faire entre ceux-ci
ou ceux-là ! Est-ce que la passion n'est pas une
maladie violente ?

Madame *** me dit à propos de ces grands
maux-là : On prend des précautions, on ferme sa
porte à certaines influences. Cela revient à dire
qu'avec des précautions et un bon régime hygiénique on n'est jamais malade ; mais on meurt, ô
bonnes gens, on meurt, n'est-ce pas, dites-le-moi
vous-même : N'est-il pas vrai qu'on meurt ?

☆

Les vertus excessives ne témoignent pas absolument de la santé d'une âme ; la fièvre est toujours
la fièvre, quelles qu'en soient l'origine et la suite.
Une âme bien portante agit posément, observe la
proportion et la mesure, marche d'un pas égal dans
la certitude de sa force et la plénitude de ses facultés. La pratique journalière et paisible des devoirs
familiers est le chef-d'œuvre de la vie morale et le
triomphe de la perfection sur la terre. On est héros
dans l'acceptation incessante des petites peines,
dans le sacrifice continuel et tranquille des petites
joies. Les grands malheurs vous portent naturellement d'eux-mêmes ; les piqûres de la vie par les-

quelles, en définitive, tout le sang s'échappe, voilà
ce qu'en souriant supportent les maîtres, les vrais
stoïciens, sans ostentation de courage, sans précipitation d'aucun genre, supérieurs dans leur calme et
dans leur silence.

☆

J'aime la vertu, parce qu'elle est belle; j'aime
l'énergie, parce qu'elle est belle; j'aime la bonté,
parce qu'elle est belle; j'aime la douceur et j'aime
la gaieté, parce que l'une et l'autre sont souverainement belles. Et la vérité m'a toujours enchantée,
parce que c'est un beau miroir où se reflète la
beauté d'une conscience bien portante. Je ne sais
vraiment pas pourquoi les moralistes négligent ce
côté de séduction du bien. Avec toutes leurs peintures malades de passions grossières, les romanciers n'atteindront jamais à la puissance d'effet
qu'offre le tableau d'une belle vie sans ombre de
faute, ni déchet de tromperie coupable.

☆

Le vice tue ceux qui ne le tuent pas.

☆

Ce sont les toutes petites clés qui ouvrent les

plus beaux meubles et les cassettes précieuses. La
grande ferraille est faite pour les meubles grossiers et les coffres vulgaires. Avis à ceux qui étu-
dient les choses du cœur. La même grosse clé
banale n'ouvre pas toutes les portes, quelques-unes
très-fermées. Il y faut la clé d'or des rares et hautes
délicatesses. Que de malentendus dans la vie, que
de brutalité souvent et que d'amère inimitié, faute
de connaître cette merveilleuse ciselure de l'âme
humaine, ce joyau mystérieux, chef-d'œuvre du
plus grand orfèvre, Dieu!

☆

ALICE

Elle a quinze ans, elle est jolie, sa dernière poupée est encore toute fraîche. Habituée elle-même à
n'être aussi qu'un jouet brillant de la famille, elle
n'a aucunement regardé en dehors ni autour d'elle.
Mais un homme a passé, qui l'a vue, qui la trouve
belle, qui la contemple et qui l'admire. Étonnée
d'être comptée pour quelqu'un dans ce grand
théâtre de la vie dont elle n'a fait qu'entrevoir la
scène, flattée d'y jouer si promptement un rôle,
ravie d'être un objet d'amour, n'ayant d'ailleurs
jusqu'ici levé les yeux sur rien ni sur personne,

elle aime, ou plutôt elle imagine qu'elle aime,
parce qu'elle est toute glorieuse d'être aimée.
Elle s'appellera donc *madame,* comme sa mère,
comme sa tante, comme sa jeune cousine,
comme sa première et sa plus vieille amie de pension. Il y aura une voiture pour elle, un cachemire
pour elle, des diamants pour elle, des domestiques
pour elle, un maître aux riches habitudes qui sera
son premier sujet et son esclave. La jeune fille de
quinze ans est éblouie. Elle vole d'elle-même à ce
magnifique épanouissement de sa destinée. Lui, le
héros, le généreux seigneur, il apporte en effet une
corbeille, des présents, une campagne, des carros-
ses, peut-être même se trouvera-t-il à travers les
écrins quelque paillette véritable, quelque sérieuse
étincelle d'amour. Il a vécu déjà, son cœur a connu
le monde; mais ses succès l'ont fatigué, il met à
l'ancre sa nacelle. Les quinze ans de la belle jeune
fille ont ravivé ses vieux printemps. Ce prochain
couple est un des plus heureux du monde. Et cependant, ô fée immortelle de l'immortelle Nature,
muse sacrée de la jeunesse, ô passion, ô rêverie, ô
tendresse, y aura-t-il assez de feu dans cette mu-
tuelle surprise du cœur pour alimenter d'enthousiasme et d'amour une longue carrière de jeune
femme?

☆

La preuve que l'abandon aux passions n'est pas la loi et la fin de notre nature supérieure, c'est qu'elles nous rendent malheureux, c'est qu'elles nous diminuent et souvent même nous avilissent à nos propres yeux.

☆

Ame de dévouement si douce et si parfaite,
Tu seras la lumière et la joie et la fête,
Et l'amirable azur et la sérénité
Dans ce monde épaissi de tant d'obscurité.
O bonté! fleur du ciel entre toutes exquise,
Ton rayon éblouit, ton parfum magnétise,
Et par l'attrait du beau, suprêmement le lien,
S'affirme hautement la puissance du bien.

☆

MARTHE

Il y a vingt ans, n'est-ce pas, que vous ne l'aviez vue, et, si l'on ne vous eût dit son nom, vous ne l'auriez jamais reconnue. Vous l'aviez laissée très-jeune femme, encore enfant, non heureuse, car la vie ne lui a jamais été douce, mais éblouis-

sante de confiance en tout ce qu'elle apportait au
monde. La vie, dis-je, l'avait dès le berceau très-
sévèrement traitée. Elle n'en voulait pas à la vie,
elle souriait aux choses qui lui avaient fait du mal,
aux gens qui l'avaient fait souffrir. — « Ce n'est la
faute de personne », disait-elle, « ma destinée le veut
ainsi. » — Et elle acceptait docilement sa destinée.
Avec le don — instantané chez elle — de voir clair
autour de soi, elle ne demandait pas à ses compagnons de route ce que ceux-ci ne pouvaient lui
donner ; elle ne réclamait rien, elle apportait. Elle
apportait une passion de dévouement, une fierté
tranquille de sacrifice, une plénitude de renoncement qui se lisaient plein son beau regard, d'une
limpidité souveraine. Sa voix était douce, égale,
sans récrimination et sans plainte. Les observations
qu'elle ne cessait de faire — quelque cruelles et
quelque irrémédiables qu'elles pussent être — se
passaient dans sa pensée, sans aucune interruption
de conciliant sourire, sans aucun plissement de son
front pur. C'est ainsi qu'elle entra en lice, le cœur
plein d'or, la pensée pleine d'indulgence. —

« J'essaierai d'être utile, » s'était-elle dit, « ceux
qui souffrent seront mes maîtres : ma tendresse,
sans intérêt de retour, s'attachera à leurs chagrins.
Cette piété ne sera-t-elle pas secourable à ceux qui

ont peut-être tout le reste, en fait d'hommages,
mais qui ont gémi souvent sur l'égoïsme humain ?»
— Ainsi elle disait, ainsi elle fit, la toute jeune
femme encore enfant. Elle ignorait — car il faut
toujours ignorer quelque chose — que les dévouements humbles, silencieux, les dévouements du
pauvre ne flattent et ne séduisent personne. Le
monde veut autour de soi la vanité même du sacrifice. Oui, le sentiment n'est rien sans la vanité du
sentiment, qui le fait resplendir aux yeux de tous
comme une décoration pompeuse. Quelle satisfaction d'amour-propre, femme naïve, peut faire
éprouver le désintéressement et l'empressement
d'un zèle en jupe d'indienne, en bonnet de linge ?
Cette simplicité sublime d'un cœur plein d'or,
avons-nous dit, d'une pensée pleine d'indulgence,
répétons-nous, ressemble assez, dans ce monde où
nous vivons, à un enfantillage voisin de la sottise.
Il faut habiter une mansarde en compagnie des
oiseaux et des nuages pour dégager une telle innocence.

Ainsi, vous avez rencontré Marthe, stupéfait, ra-
contiez-vous, de ne pouvoir mettre un nom sur
cette figure. Rien n'est changé pourtant : cette vie
de femme a été fidèle à son stoïque et miséricordieux programme de femme : le malheur accepté

au début, le malheur accepté ensuite, le malheur
accepté toujours, avec le silence pour devise. Regardez bien : ce front intelligent et lumineux est
resté pur, il est sans rides : ce franc regard d'une
incomparable clarté est toujours le même rayonnant regard ; cette voix chaude et caressante a les
mêmes intonations sympathiques ; pas un fil blanc
n'argente l'ébène des cheveux. Une seule marque
de douleur, invisible à l'étranger ou au passant, a
estampillé ce visage. Voyez-vous, au coin de la
lèvre, cet imperceptible pli, ce pli rigide qui la relève et la contracte ? Toute la fermeté d'une vie militante s'est incrustée là, toute la volonté et toute
la concentration intérieure d'une pensée *qui a eu
plus d'une fois son jardin des olives*, s'accusent
dans ce trait unique que je recommande à l'attention des peintres. — Nous pouvons sur notre
masque ce que nous voulons... jusque-là, exclusivement. Nous pouvons commander à notre expression ; le front, les yeux, l'attitude, la voix peuvent
décevoir ; la lèvre ne ment pas, la lèvre s'est mar-
quée de toutes ces résistances de la pensée. Il y a,
dans ce relèvement — immobile à présent — de la
lèvre supérieure toutes les ironies, toutes les amertumes, toutes les tristesses, tout ce dont a pu se
composer un effrayant silence. Le combat de la vie

a apposé sur ce coin de lèvre sa signature. Hors ce point-là, d'une signification si sombre, le coup d'ongle de la vie n'est pas visible. Pourquoi donc ne reconnaissiez-vous point Marthe?

Pour achever d'un mot son esquisse fugitive, elle remporte à la tombe les richesses dont le bazar du monde n'a pas voulu. Sa modeste amitié n'eût illustré nul mortel, son obscur dévouement semblait un ridicule, son menu personnage ne rehaussait d'aucun éclat aucune situation ambitieuse. Le marché du monde voulait autre chose, il est des présents qui ne tentent personne. — « Que m'offrez-vous un lingot, si je préfère des paillettes ? Pourquoi déroulez-vous ces belles étoffes, si j'aime mieux un habit d'Arlequin? Ces trésors-là ne sont point de placement, ma fille, ces valeurs-là n'ont point de cours, vos sentiments sont hors de mise : *cela nous est bien égal.* »

« Sur cette terre positive il nous faut la substantielle matière ; à d'autres votre candide chanson, à d'autres votre fol idéal. Remportez vos inutiles cadeaux. Vous ne gênez pas, mais restez dans votre ombre. Laissez-nous nos oripéaux, nos tambours et nos castagnettes. » —

Que la terre, qui lui a été si lourde pendant la vie, lui soit légère après la mort !

☆

Aimer quelqu'un — parmi notre pauvre famille humaine, — c'est au hasard aimer un esprit plein de contradictions, un cœur plein de défaillances, un corps plein de maladies. — C'est idolâtrer une âme incomplète, une créature défectueuse, un ensemble mille fois fragile. Aussi, nous, les amants du beau absolu, nous les serviteurs du mot sacré *Ewigkeit* [1], n'aimons personne, n'aimons jamais, jamais personne !

☆

Sais-tu bien, en aimant, ce que tu vas faire? Oh! ton pauvre cœur, sauve-le !

Sais-tu que tu vas le donner en ôtage à tant d'inquiétude, à tant de douleur, à tant de permanente angoisse !

Sais-tu bien ce que c'est que l'attente? — Oh! puisses-tu ne jamais connaître ce supplice-là! Ton pauvre, pauvre cœur, sauve-le !

Attendre ! c'est-à-dire à chaque minute prendre la mesure de l'éternité! perdre le goût de toute chose étrangère à la pensée unique, épier chaque

1. Éternité.

bruissement, chaque souffle d'air, guetter le moindre
sifflement des portes, entendre seulement et distinctement le violent battement de son cœur.... et,
la plupart du temps, ne voir venir personne, non,
personne !

Le lendemain comme la veille, aujourd'hui comme
hier, recommencer la même tromperie d'espérance,
reprendre le collier de peines !...

Oui, recommencer la même tromperie d'espérance, sans qu'il y ait de la faute de personne. Les
circonstances de la vie sont là qui empêchent, ren-
versent, déconcertent et raillent les chers projets.
Sans compter l'imprévu terrible, cette possibilité
toujours menaçante et pendante de maladie, de
voyages, d'affaires, de séparations ; que dis-je ? de
séparations ? et la mort ? n'est-elle pas toujours là,
sentinelle aux aguets, veillant dans l'ombre !

☆

Un homme, possesseur d'un gros trésor dont il
ne dissimulait pas la valeur, avait été à peu près
assassiné et laissé pour mort par son meilleur ami,
le confident le plus intime de ses pensées.

On parvint à le ravir au tombeau où déjà ses pieds
touchaient presque, et l'on étancha ses blessures.
Cependant, au lieu de penser à sa guérison, la vic-

time revenait sans cesse sur cette cruelle aventure, et songeait de plus belle à son ami.

— Que lui avais-je fait? se répétait-il.

Voilà ton emblème, ô cœur! criblé de blessures, avec du sang au lieu de pleurs plein les yeux, avec des ruines tout le long de la vie, tu ne fais que songer et te souvenir. Tu revois l'ami ou l'amie, et, sans fin, sans trêve, dans la solitude, dans le monde, dans le silence, dans le bruit, tu te redis et tu te répètes : — Que lui avais-je fait?

☆

En voyant, après un amour, ce à quoi nous réduit un reste d'amitié qui replace l'ami ou l'amie dans la vie ordinaire, la vie auparavant vécue avec les autres, cette vie de passants et de passantes, d'indifférents et d'indifférentes, d'étrangers et d'étrangères, mosaïque de hasards, de rencontres, d'invitations insipides, on juge de quel peu se compose dans le monde la journalière pitance du cœur; on mesure par cette indigence, par ce *rien* banal qui subsiste, la profonde solitude, l'inexprimable veuvage de cœur où se meuvent, se promènent, dansent, chantent, jouent, rient, pleurent, vivent et meurent les comparses du damier de la vie. Sans cette effroyable différence de température où l'on

se trouve après une rupture d'amour, on ne se serait jamais rendu compte de ce néant, on n'aurait
jamais songé à l'inanité des prétendues amitiés
de la terre, ce menu quotidien de la subsistance du
cœur !

☆

Tu sais, c'est avec mon cœur que j'ai fait cette
chanson.

Tu sais, cette larme qui tombe, c'est de mon
cœur.

Tu sais, ce sang qui égoutte, c'est de mon cœur.

Tu sais, ce rire cruel qui te fait mal, c'est le
sanglot transformé de mon cœur.

Tu sais, tout ce clinquant d'esprit, c'est la dé-
pouille de mon cœur.

Et tu sais, les jeunes fleurs vives qui pousseront
sur ma poussière, ce seront les parfums envolés de
mon cœur !

☆

Ce n'est rien de m'avoir brisé le cœur ; mais
l'avoir glacé, dépossédé de sa foi, l'avoir rendu
sceptique, amer, profondément méprisant, oh !
que Dieu vous pardonne : voilà le crime !

7.

☆

Hélas ! quand tu m'aurais donné tout ton cœur, cela encore aurait été si peu ! Tu aurais bien pu me faire ce maigre sacrifice ! ·

☆

« *Plutôt rien qu'un peu !* » doit être la devise de tout cœur féminin noblement fier [1].

☆

Un mot vous a été dit, musique apparente du cœur : *je viendrai !* Vous attendez. Vous faites de cette heure promise, l'heure bienheureuse de la journée. Pourquoi toujours si sombre, ô mon âme ! Peut-être l'on viendra !

Et vous vivez pour ce moment prochain ; votre amour ou votre amitié font toilette, vous mettez des fleurs dans votre pensée ! « Je ne ferai aucun reproche, vous dites-vous, à quoi bon ? » Et vous avez pour ce rendez-vous qui s'apprête, des coquetteries de clémence, d'infinis pardons de douceur.

L'heure sonne : plus haut encore vibre le battement de votre cœur. Rien. — « Un empêchement »,

1. *Les Soirées de la Villa des Jasmins*, par Mme la marquise de Blocqueville.

songez-vous; pourquoi toujours si sombre, ô mon
âme! attendons!

Les passants vont et viennent dans les rues, sous
le vestibule, dans l'escalier; quelques-uns frôlent
votre porte. L'heure sonne double, triple, n'en finit
plus : toutes les horloges d'église se répondent,
votre cœur sonne rouge. Comprimez bien les battements de votre cœur, défendez bien la barrière de
vos larmes; car les sentez-vous toutes prêtes, du
fond de votre chagrin, au bord de votre paupière?

— Un accident, peut-être! — ressongez-vous;
pourquoi toujours si sombre, ô mon âme! la journée
n'est pas finie!

Rien. — A présent l'heure est passée : j'aurai une
lettre!

Pas de lettre, ni tantôt, ni le soir, ni demain.
L'ami aura rencontré un camarade, ou sera entré
au Cercle, ou bien tous deux seront restés au café ;
une belle personne tenait le comptoir : tout simplement, il aura oublié sa promesse; il n'en avait pas
pris note sur son agenda.

Qu'est-ce que cela fait? se dit-il, si le lendemain
il s'en aperçoit; je m'excuserai; n'ai-je pas des
affaires? Écrire une lettre? à quoi bon une lettre?
quel besoin? ce n'est pas la première fois.....

Au bout d'une semaine quelquefois il arrive, si véritablement *il* a de l'amitié pour vous. Gardez-vous bien de le trouver coupable. Quel enfantillage! Est-ce que tous les jours on n'a pas des empêche-ments? Non, n'ayez même pas l'air d'en avoir pris ombrage. Pas un pli sur le front, pas un nuage dans les yeux. En effet, la vie n'est-elle pas ainsi faite? Qu'est-ce que représente à cet étranger l'éternité de supplice et d'attente dont s'est remplie pour vous l'heure oubliée?

Mais si vous m'en croyez, mes chères compagnes, au serrement inerte de votre main, à la banale in-différence de votre bonjour, n'opposez jamais le sourd emportement de votre cœur. Au nom de vous-mêmes, ne vous démentez pas vous-mêmes, n'ai-mez pas!

☆

L'air triomphant, discret, *important*, pénétré de Laure, depuis qu'elle aime et qu'elle se croit aimée! On dirait qu'elle se sent investie d'une sorte de royauté, d'une prêtrise supérieure. Elle se recueille, s'absorbe, songe, se contemple, s'ad-mire en elle: une dignité divine lui a été conférée; Laure est naïvement à ses yeux devenue une puis-sance.

☆

A ces paroles d'un feuilleton de M. de Banville :
« *Que peut faire une honnête femme, belle, char-*
mante et digne d'être aimée, à laquelle une cour-
tisane prend effrontément son mari ? »
Je réponds, moi :
— Le lui laisser.

☆

Je lis dans un livre : « *Les femmes confondent*
souvent l'inconstance avec l'infidélité. »
Qui me définira ce logogriphe ?

☆

Recette pour s'amputer le cœur. (Réponse à une
malade qui me demandait une consultation.)
Appliquez sur l'organe un appareil imprégné des
préparations suivantes :

Expérience amère.	5	grammes.
Fierté blessée.	125	—
Souvenir comparé.	40	—
Quintessence de mépris.	250	—
Claire vue.	12	—
Extrait de silence.	500	—

Mélangez le tout de 45 gouttes d'indifférence, et
saupoudrez de fou rire. Renouvelez trois fois par

jour, et, au bout d'une semaine, le cœur le plus obstiné viendra de lui-même à la surface.

☆

Pris sur le fait et entendu sur place, un jour de querelles et de reproches entre la vieille vicomtesse *** et son ancien chevalier :

« *Comment, Madame! vous vous plaignez, et voilà trois heures que je vous promène !* »

☆

Paule me dit comme une chose toute naturelle : Vous savez, Maurice ***, que vous avez vu et qui part pour les Indes, eh bien! il laisse Madame X. singulièrement embarrassée !

Madame X. est une femme du monde et même du meilleur monde. Elle a eu des légèretés, mais cela passe ; son mari tout seul s'en est formalisé : la société n'y voit goutte, laisse faire ou plaisante. Cependant, il n'y avait pas eu jusqu'ici de liaison sérieuse, de scandale véritable. Dans cette succession *d'essais* de cœur, Maurice est son premier amour.

Elle est bien tombée !

Depuis quatre mois durait le paradis terrestre, quand le trop heureux héros s'ennuya. Autre chose, pensait-il, ferait bien dans le paysage. Aussi, se résolut-il sans le moindre scrupule de conscience à dire sincèrement un jour à la bien-aimée : C'est assez se compromettre, le monde commence à parler, reprenons chacun notre vol.

Or, ce même jour qu'il avait choisi pour faire cette déclaration de liberté, Madame X. avait précisément projeté de lui apprendre que leur bonheur aurait des suites.

Coup de théâtre. Maurice n'en part que mieux. Son commencement d'indifférence s'est compliqué d'un dépit fâché. Elle pleure, il querelle. Elle se récrie, il se choque. Ne pouvait-elle lui épargner cette vulgaire confidence ?

Il y a des variantes dans la forme de désertion inévitable.

Pour les uns, les degrés du détachement sont ceux-ci :

1° Lassitude ;
2° Indifférence ;
3° Changement.

Pour les autres :

1° Ingratitude ;
2° Mépris ;
3° Colère.

J'ajouterai que, parmi les meilleurs, quand une

révélation inattendue réveille et engage leur délicatesse et leur probité d'honnête homme, c'est un
sentiment tout différent de l'amour qui les ramène
ou qui les fait rester : ce n'est plus le cœur qui les
attache, c'est le devoir qui les retient.

L'amour qui, fatigué, a projeté l'abandon, ne
peut jamais plus redevenir l'amour. Et voilà ce
qui résulte des liaisons les mieux garanties. Et cette
histoire universelle, ô prodige ! n'a encore converti
personne. Pour qu'un homme demeurât effectivement l'associé de sa femme, il a fallu toutes les sé-
vérités du Code et toutes les austérités de l'Église; il
a fallu faire du mariage un contrat et un sacrement.

Paule, qui me raconte ce fait divers, a peut-être
son cœur engagé quelque part. Elle n'a peur de
rien, la Fascinante ! et se rit de sa voisine. Comme
si, en amour, l'épée de Damoclès épargnait quelqu'un ! Il n'y a de différence que dans le plus ou le
moins d'hypocrisie bien jouée, de tromperie cachée
ou évidente. La trahison est comme la mort, elle
n'excepte personne. Aujourd'hui, c'est Madame X.
qui ouvre forcément les yeux; demain, ce sera
Madame Y.; après-demain, ce sera Madame Z., à
moins pourtant que ce ne soit la triomphante et
railleuse Paule. Ce sera vous et moi, ma toute belle,
si nous sommes assez écolières pour accrocher à ce

moulin à vent qu'on nomme le cœur de l'homme
la branche fleurie de notre amour !

☆

Parler d'amour est inconvenant ; en discuter est
presque grossier ; écrire sur l'amour est dangereux.
Si vous entendez l'amour pur (*le vrai, le seul !*),
vous le déflorez ; si vous osez faire entendre l'*autre*,
c'est vous qui vous profanez !

☆

FOUDROYANTE

Églé est une des jolies femmes de Paris qui en-
flamme le plus la cour et la ville. Je l'ai appelée
foudroyante. N'allez pas croire tout de suite qu'il
s'agit d'une demoiselle vulgaire. La blonde Églé est
une femme du monde, du meilleur monde, du vrai
monde ; ses cartes armoriées en portent témoignage,
et, sans aller chercher dans D'Hozier ni Gotha,
regardez à ses mains de marquise, et faites la révé-
rence à ses pieds de duchesse. Devant cette royauté
sans rivale le monde entier s'incline : une moitié
enrageant, l'autre moitié délirant. Depuis que les
miroirs existent et que les hommes admirent, Ève
sait l'empire de ses yeux et la valeur de son corsage. Églé sait ce qu'elle est. Le magnétisme que

sa beauté dégage lui attire partout un cortége; elle frappe du pied, et des légions d'adorateurs se lèvent.

Dans ce nuage d'encens enivrant s'est écoulée sa triomphante jeunesse; son mari (car elle a un vrai mari, fort distingué, très-spirituel et très-titré) est le premier sous le charme, et tient la tête de la procession. Dans cette atmosphère capiteuse, *Foudroyante* ne comprendrait pas les nobles amitiés désintéressées qu'inspirent les vieilles femmes ou les laides. Sa puissance de séduction est telle qu'elle ne saurait en reconnaître aucune autre, et qu'elle donne le nom uniforme d'amour aux infinis hommages qui l'environnent. Un sentiment tout simple ne saurait se faire jour à travers ce vertige : elle s'en défierait cruellement peut-être, et ne s'y arrêterait pas un quart d'heure. L'écueil de cette domination enfiévrée est de ne faire aucun cas de ce qui ne saurait lui manquer. Un millionnaire s'étonne-t-il de ses millions? *Foudroyante*, avec son instinctive et irrésistible coquetterie, est moins en péril qu'aucune autre. *Foudroyante* n'est jamais en péril. Un seul sentiment est vivace dans une telle surexcitation d'enthousiasme : celui d'un amour-propre insensé qui dévore ce qui reste de cœur. Le cœur n'est pas possible dans ces conditions de

succès ; l'affection d'une femme est faite de tendresse et de gratitude : la beauté n'est pas tendre,
et la beauté n'est pas reconnaissante. La tendresse
suppose une absence de soi qui n'est pas possible
à une majesté ; la beauté est rarement recueillie, elle
est rarement sensible. Elle accepte dédaigneuse
l'impôt fatal qui lui est dû. Que de jeunes, vieux
et *moyens* cœurs d'amoureux ont brûlé éperdus et
désespérés sur ce bûcher de la déesse ! Et combien
seront encore réduits en cendres jusqu'à la consommation du sacrifice ! Il faut du combustible sur
cet autel, le feu sacré est fait de l'incendie des victimes.

Mais *Foudroyante* est très-habile : elle tient en
laisse sa ménagerie, et persuade à tous et à chacun
qu'elle attache un grand prix à leur esclavage.
Aussi les lions, les ours, les loups, les renards,
dans le nombre, voire même les serpents, sont
métamorphosés sous son bleu regard en troupeaux
de médors fidèles.

Ce portrait n'est pas fait pour donner confiance
à l'humble jeune fille qui ne connaît modestement
que son honnête machine à coudre, et dont toute la
beauté attachante gît dans l'âme ; mais il est mot
pour mot sincère, et peint rigoureusement notre
époque bigarrée.

☆

Il ne faut pas les regretter (ceux qui t'ont fait mal); il faut les dédaigner.

☆

Il est possible, sinon facile, de se désintéresser de son propre bonheur, et d'opérer pour tout de bon le complet déracinement de son cœur, cet absolu renoncement de toutes choses; mais il est impossible de se désintéresser du bonheur que l'on aurait pu glorieusement donner aux autres.

Certaines âmes éprouvent le regret, non pas de leur vie perdue, mais de la douceur et du repos d'affection, de la félicité dont elles auraient pu enrichir la vie d'un autre...

☆

Puisque tout doit finir par la mort : — ce coup de foudre ou cette ironie, — pourquoi tant s'attrister des manquements humains, et ne pas se déshabituer d'attendre? Pourquoi ne pas accepter avec tranquillité dans le détail de tous les jours ce fait de la séparation inévitable, séparation partielle aujourd'hui, complète et irrévocable demain? L'oubli des autres, leur cruel abandon, leur négligence, indifférente ou insouciante, c'est l'horloge qui avance, voilà tout ! Encore quelques minutes, et l'heure de l'absence éternelle eût sonné avec son glas ce mot terrible : Jamais ! jamais !

☆

LA LETTRE FERMÉE

N'ouvre pas, n'ouvre pas cette lettre ! un monde fermé gît devant toi : d'espérance ou de douleur peut-être ; un vol d'inquiétudes songeuses va peut-être dès les premières lignes s'élever brusquement vers ton cœur. Oh ! si par hasard ton cœur est paisible, n'ouvre pas, n'ouvre pas cette lettre !

Elle vient de bien loin peut-être ; les senteurs des forêts, les brises ailées des prairies, les mille frémissements de la mer ont frôlé sa frêle enveloppe : qui sait quelles étranges mains ont ici apposé ces timbres ? Si ton cœur est paisible, laisse sous ce pli le mystère ; n'ôte rien au parfum caché, laisse intacts ces arômes âpres de la brise ou des flots ; oh ! ne demande rien de plus à la vie ; laisse sans y toucher cet inconnu et ce silence : n'ouvre pas, n'ouvre pas cette lettre !

Reconnais-tu l'écriture ? Une main, chère autre-

fois, à présent absente, a-t-elle tracé ces caractères? Cette main est-elle assurée, est-elle quelque
peu tremblante? Oh! prends garde à toi-même,
n'ouvre pas, n'ouvre pas cette lettre !

C'est ton cœur que tu rouvrirais, ton cœur avec
sa blessure mal fermée, sa plaie d'amour encore
saignante; ce qu'on te dit aujourd'hui ressemble
si peu — qui le sait? — à ce qu'on te disait autrefois !
chaque mot peut évoquer un autre mot, mal oublié
peut-être; ce qu'on t'écrit peut te faire ressonger
à ce qu'on ne t'écrit plus, à ce qu'on ne t'écrira
jamais plus, à ce qui, en lettres de flamme, s'est
incrusté dans ta pensée. Ne rouvre pas la chapelle
ardente de ton cœur. Si tu reconnais l'écriture, n'ouvre pas, n'ouvre pas cette lettre !

L'impitoyable réalité tue les rêves restés chers.
Oh! qu'il vaut mieux dans sa tombe visiter un
mort que de le retrouver vivant, transformé dans
ce monde! Le silence est le seul vêtement de l'oubli; garde les chères et douloureuses reliques du
passé. Par pitié pour les vieilles lettres jaunies, ne
touche pas à cette poussière redevenue vivante;
laisse en paix la mémoire de ton cœur. N'ouvre pas
cette lettre, n'ouvre pas cette lettre !

☆

Ce qui est dans ta vie est dans ta vie : ceci n'est pas une vision. Tu as aimé, tu as souffert! L'amour — avec sa cicatrice — est là ; et la souffrance — avec sa mélancolie — est là..... Rien ne diminue, rien ne s'atténue, rien ne disparaît et rien ne s'efface dans une âme comme ton âme, dans une vie comme ta vie! Mais de toute cette sévérité fais une douceur tranquille que rien, jamais plus, ne déconcerte et n'assombrisse...

☆

Maintenant, il le faut, je veux, j'aurai des ailes!

☆

Une personne de ma connaissance, très-observatrice et très-spirituelle, disait ceci : « Je ne comprends pas et je ne comprendrai jamais qu'une femme qui sait lire se laisse prendre aux discours des hommes : messieurs les auteurs prennent un tel soin dans leurs romans et dans leurs livres de nous dévoiler sans façon leurs sceptiques et méprisantes pensées ! »

☆

Il faut que les hommes s'estiment bien peu de chose, puisqu'ils méprisent tant les femmes de les aimer !

☆

Sous l'empire d'une passion (*d'un caprice!*) ils jurent, ces fugitifs! des choses éternelles. Comment, n'ayant qu'un centime dans la poche, peut-on promettre à quelqu'un cent mille livres?

☆

Les femmes se trompent sur les sentiments qu'elles éprouvent, plus encore que sur ceux qu'elles inspirent.

☆

Je m'arrête stupéfaite devant une observation sur l'amour, la plus élémentaire du monde, et à laquelle je n'avais jamais pensé. On dit : *Le mal d'aimer est puni, la faute d'aimer est expiée...* Mais cela n'est vrai que pour la femme! Oui, la faute impardonnable d'aimer est expiée chez la femme, et sûrement et vite. Elle donne sa vie tout entière, et l'homme n'engage jamais (tout au plus) qu'un instant de la sienne. Mais lui, l'homme, n'est jamais puni de sa double faute : celle qu'il a commise, celle qu'il a fait commettre. Il n'est châtié ni devant le monde, pour qui ce crime masculin n'est qu'une élégance ; ni devant lui-même, puisqu'il se distrait du chagrin qu'il fait par les plaisirs qu'il se donne ; ni devant Dieu, hélas ! car ses fantaisies ne lui interdisent pas plus tard une union légitime avec une jeune fille innocente qui fera l'orgueil, la fortune, la joie et l'honneur de sa maison.

L'amour hors mariage n'est qu'un opprobre féminin, d'une expiation féminine, d'une dégradation (selon la société) essentiellement et *uniquement* féminine.

Deux coupables, soit ; mais je ne vois qu'une victime, je ne lis qu'une sentence, je n'entends qu'une condamnation.

☆

Est-ce que le lendemain d'une fête a jamais valu la veille ? Oh ! ne soyons jamais au lendemain de l'amour, ne soyons jamais qu'à la veille !

☆

Certains bonheurs seraient si tristes que le malheur leur est absolument préférable : je veux dire l'absence de ces certains bonheurs, toujours si tristes !

☆

Nous ne sommes pas éternels ; pourquoi nos sen-

timents seraient-ils éternels? Ainsi devraient oser
se dire les hommes, ou plutôt les femmes, à propos
des beaux serments des hommes. Mais notre vanité
comme notre légèreté est sans bornes. Et nous
croyons toujours réaliser à notre profit le miracle
de l'impossible.

☆

L'amour humain est fait de terre:
Nos chers sentiments les plus vrais
S'épuisent tôt, ne durent guère:
Il reste de la terre après.

☆

Cet amour, l'objet de toutes tes énergies intérieures, le but de ton constant sacrifice, cette éternelle rudesse manœuvrant en toi-même contre toi-
même, ce rebelle et grondant amour, ô Mary! est
une vraie navigation de tempête! Ton cœur, à
chaque instant englouti, surnage, hélas! toujours;
ton cœur, lamentable épave, n'a jamais fini de
sombrer! — Ne jamais aborder et ne jamais périr!
Telle est cette navigation douloureuse.

Ne désespère point, pourtant, quoique tu sois
ballottée depuis si longtemps sur cette mer tour-
mentée. Les traversées sont longues, acciden-
tées d'ouragans, mille fois contrariées et reculées

du but; et cependant, malgré la conjuration des
vagues et des houles, un peu de chemin se trouve
fait vers le port. Le navire qui ne doit pas sombrer
n'est pas éternellement perdu. Après des coups de
vent sans nombre, après des assauts de lames mul-
tipliés, des hallucinations de chemins s'éloignant
de plus en plus des vraies routes, il se trouve qu'un
jour un horizon rassurant apparaît, que le navire
désemparé signale un rivage, qu'il aborde, qu'il
est sauvé, et qu'il connaît la région des eaux
calmes.

☆

Le temps n'est mesurable que par les émotions
qui le remplissent, *absolument*. L'horloge ne signifie rien qu'en *rides* et en *affaires*.

Pour le cœur et pour l'esprit, ce sont les sentiments vécus et les impressions éprouvées qui constituent la valeur du temps et de la durée. L'infini
existe dans une minute de sentiment. L'espace
sans bornes, l'éternité sans limites existent dans la
mystérieuse capacité de l'œil intérieur qui embrasse
tous les mondes, et se réfléchissent dans le cœur
qui pressent, se dévoue et qui aime.

☆

Le propre d'un chagrin ou d'un souci profond

est de paraître avoir duré toujours, et de déplacer
absolument par son intensité les conditions ou le
point de vue de la durée.

☆

Voulez-vous trouver le bonheur quelque part?
Emportez-le avec vous.

☆

Ne parlez pas de bonheur dans une vie où la
maladie et la mort ne peuvent être conjurées, où
l'abandon de ceux qu'on aime est toujours possible, où mille traverses de cœur et d'esprit sont inévitables, où l'inquiétude est la seule certitude humaine que puisse embrasser la pensée !

☆

« La terre ne saurait être le lieu du bonheur,
puisqu'elle est le champ de bataille où nous devons vaincre la mort. »

(Marquise de BLOCQUEVILLE.)

☆

Nous comptons dans la vie sur la fixité et la durée
de choses qui ne nous appartiennent pas, et nous
nous décidons d'après des impressions dont nous

ne pouvons répondre. Ce qui est passager est vrai un moment autant que ce qui est éternel, et nos esprits de peu de portée s'établissent selon ces lueurs fugitives. De là désaccord incessant, de là déception incurable. Le soleil luit, nous nous disposons pour l'éternel soleil, et la pluie vient dès nos premiers pas sur la route. La pensée ressemble au firmament mobile; les nuages, l'azur, l'éclair brillant et la tempête sont vrais et sincères au moment des nuages, de l'azur, de l'éclair et de la tempête.

Il existe des esprits chagrins qui, désespérés tout un jour à l'aspect d'un ciel gris ou noir, nient absolument que le soleil puisse revenir : à l'envers de ces esprits moroses, il en est qui croient enchaîner la nature, et s'embarquent pour de longues entreprises sur la frêle sécurité d'un sourire du destin, esquif de caprice et de fantaisie...

Ne t'étonne pas de tes tristesses subites, ne sois pas découragé, esprit impressionnable, de tes subites lassitudes. Ce qui te décide aux longues absences, c'est, en voyage, le changement d'une heure. Le changement survient, la curiosité s'use, l'absence reste. En amour, en amitié, en affaires, la nouveauté aussi détermine des résolutions qui, le charme expiré, le prestige envolé, l'attrait disparu, laissent une amertume, laquelle, à l'heure d'enchantement, d'enthousiasme ou de rêve, ne semblait pas possible... Ne désespère jamais complétement, ne désespère ni n'espère. Poserais-tu un clou sur de la gaze impalpable? Oserais-tu même attacher d'une épingle le tulle soyeux d'une écharpe aérienne? Nos impressions les plus fortes ressemblent trop souvent à la gaze délicate ; sur ces légers tissus nous attachons nos projets et nos vies ; il n'est pas étonnant que nous soyons renversés, au premier coup de vent de la pensée qui enlève la tente frêle de nos campements fragiles...

☆

Si vous vous jetez à la tête des gens, ils crieront *gare!*

Ainsi, de votre amour offert, ils en seront heurtés. Gare! gare! crieront-ils.

Et ils n'en voudront pas.

Dédaignant le cadeau facile, ils l'écarteront du pied, et brutalement jetteront le pauvre amour par terre.

☆

La raison pour laquelle, le plus souvent, on ne court pas consoler quelqu'un, c'est que... l'on sait trop justement que cette consolation serait de peu,

ne consolerait aucunement; que beaucoup d'autres
amis, plus immédiatement habitués du cœur et
hôtes de la maison, sont autrement désirés, autrement attendus, autrement opportuns, utiles, effi-
caces dans ces amères circonstances de la vie.
Croire être bon à quelque chose auprès de quelqu'un, c'est s'en croire aimé, c'est se croire nécessaire à sa pensée intime. Que me fait votre empressement, ô étrangers! et que me font vos vaines
paroles, pourrait-on nous dire en toute sincérité
dans bien des cas?

☆

C'est faire bien peu de cas de son amitié que de
l'offrir à tout venant, et c'est aussi être bien peu fier
que de rechercher trop vivement celle des autres.
Le cœur est un libre don qui ne se provoque ni ne
se marchande. Je ne mendierai l'affection de personne, et encore examinerai-je celle qui vient vers
moi; quant à la mienne, je n'irai guère la proposer
aux gens; elle sait son prix, ce n'est point une
marchandise de bazar. Ayez-en donc fini avec l'inquiétude d'être ou de n'être pas aimée. Le joyau
du cœur doit rester dans son écrin fermé.

☆

Certaines hautes amitiés sont faites pour être sol-
licitées, jamais offertes.

☆

Ton esprit est en visite dans ce monde : réfléchis
donc encore, réfléchis donc toujours. Parce qu'une
personne te fait bon accueil, parce que sa parole
est douce et engageante dans son bonjour pour toi,
bienveillante ou même caressante dans son adieu,
parce qu'elle se montre sympathique et charmante
dans le mouvement de sa main vers la tienne, tu
ne, vas pas t'imaginer, tu n'as jamais pu penser
qu'elle allait t'octroyer son meuble le plus rare,
son joyau le plus précieux; tu ne t'attends nullement, dans ces courtoises rencontres, tandis que
tu admires l'arrangement harmonieux d'un salon,
qu'on va soudain t'offrir le lustre étincelant que tu
regardes, la magnifique pendule que tu considères,
l'écrin merveilleux des colliers d'or que l'on te
montre. Pourquoi veux-tu, sur un léger indice,
qu'un inconnu te donne son cœur, ce plus riche
des joyaux de l'âme, cette perle sans prix qu'aucune fortune ne peut payer? Pourquoi, tout de

suite, comptes-tu sur l'affection, ce diamant que rien n'achète?

☆

MIRIAM

Il y a loin, ô Miriam! des mitaines de tricot de tes doigts d'ouvrière aux délicatesses parfumées de ta toute petite main gantée; il y a loin de tes chaussons de lisière aux toutes petites mules brodées où se joue ton étroit pied d'enfant; il y a loin de ta pauvre mansarde, si voisine du ciel, au ravissant boudoir où tu lis et tu rêves; il y a loin de ta vie d'autrefois à la condition que tu occupes à présent dans le monde. Ce luxe gracieux est bien à toi: la jeune femme n'a pas trahi la jeune fille; nulle ombre suspecte n'a le droit de voiler et d'assombrir ton passé: grande artiste, le succès t'est venu directement d'en haut; la convoitise des hommes n'a rien profané de ton âme. Et pourtant, ô Miriam! la main sur la conscience et l'esprit devant Dieu, ne regrettes-tu pas quelquefois tes obscures années? Ne songes-tu pas avec amertume à l'absolue retraite où tu t'enfermais jadis, à toute cette liberté, à tout cet éloignement des autres, à toute cette séparation tranquille, à tout ce bienfaisant silence?

Quand tu chantes, quand cette voix souveraine — ta fortune et ta muse — étreint passionnément nos cœurs, sais-tu ce que je vois passer?...

— La souffrance!... une de ces rudes douleurs jamais avouées qui sont l'expiation de nos triomphes; je lis à livre ouvert dans le fond de ton âme, une réelle et lamentable histoire. Le succès tout seul, ô Miriam! n'est pas venu te trouver! la peine a forcé ta porte, poignante, inflexible, inexprimable. C'est l'angoisse qui t'a serré la main et qui t'a dit: Je serai ta compagne... Couronne-toi de beaucoup de fleurs, car tu es déchirée de beaucoup d'épines! Constelle-toi des feux du diamant, car il faudra sous beaucoup d'éclat décevoir la pâleur de tes joues! Va dans la foule, suis le flot pour ne pas rencontrer devant ton cœur un fantôme, cette ombre de ta vie présente, incessant témoignage de ta paix disparue!

☆

Tes colliers, tes bracelets, tes bagues, tes écrins de toutes sortes, tes diadèmes de tous pays ne te protègent pas à l'heure des grandes peines, des trahisons, des abandons, des perfidies des hommes, des cruautés, des injustices du sort. Aussi, veux-je te donner une armure qui te serve à toi-même, qui te soit la plus assurée des cottes de mailles, le plus invulnérable des boucliers : ta résignation, ton indifférence, ton courage !

☆

Chacun porte sa douleur comme il peut. La tienne est un désespoir : porte-la comme tu pourras ! ne sois pas fière, laisse-toi souffrir ! Pas de bravade dans ta souffrance. Le malade, dans son lit d'hospice, arrange-t-il en héros pour les étrangers qui passent, sa face torturée de moribond ? Ne sois pas fière. Prends les calmants qui peuvent adoucir ta peine, sans te préoccuper de ce qu'un faux stoïcisme t'ordonnerait ou te défendrait d'essayer. Pleure, ma pauvre fille, pleure, si les larmes te font du bien ; et si le silence t'est trop dur, parle, mon enfant, parle tout haut, si tu le peux et si tu le veux.

O mon enfant ! ce qui s'appelle la sagesse du monde n'est qu'une révoltante rudesse. J'ai le droit de te dire, moi, âme religieuse, spectatrice de tant de misères, que tu ne dois rien à ce monde cruel. Tu ne peux pas longtemps souffrir ainsi ; il faut, si tu ne peux l'attaquer en face, ruser avec ta peine. Je te le répète : Ne sois pas fière ! Ton cœur saigne ; étanche le sang de ton cœur ; trouve des remèdes

pour cette crise aiguë. Ne prends conseil que de
ce qui te sera bon et doux. Oh! qu'une amitié te
vienne, secourable et divine! Oh! qu'un appui arrive à ton secours, pour que tu puisses supporter
ton pauvre cœur! Quelle que soit cette rare amitié
humaine, qu'elle vienne sur ton immense douleur!
Dieu là-haut ne peut rester sourd, la prière produit la pitié!

☆

Ce qui console, ce qui doit ou plutôt ce qui
devrait apaiser, c'est qu'en histoire ordinaire et
extraordinaire d'amour, la trahison ou l'abandon
ne sont qu'une question de calendrier, une affaire
de temps.

Il y a six mois que vous êtes délaissée, Mathilde?
Dites-vous que si vous aviez été un peu moins malheureuse, un peu plus aimée, un peu moins sacrifiée, il pourrait n'y avoir que quatre, que trois,
que deux... mois : voilà la différence! La représentation de la comédie eût pu traîner plus longtemps, le masque de la passion se détacher moins
vite, le soi-disant amour mettre quelques semaines
ou quelques jours de plus à mourir...

Au total, pauvre femme! le résultat est le même.
Regardez autour de vous, Mathilde, et dites si le

dernier chapitre n'est pas pareil, de tant de douloureuses et d'abord si enivrantes histoires !

En rupture de cœur, on ne peut pas plus se flatter d'une durée d'oubli qu'on ne pouvait, durant la période d'amour, se flatter d'une durée de constance : inconsistance et prétention dans les deux cas, mes bons amis. Celui qui pourrait répondre de ne plus aimer, aurait aussi bien pu répondre d'aimer toujours. L'incrédulité en *non* ou en *oui*, en *oui* ou en *non*, est la seule mesure de croyance qui soit raisonnable devant n'importe quel amour d'un homme : cet être frêle, mobile, fragile, éternellement changeant, éternellement incohérent, flottant, contradictoire.

☆

Une blessure (n'est-ce pas, messieurs les invalides?) ne fait pas toujours mal. Elle peut arriver à paraître se cicatriser : le temps la paralyse et la mortifie. — Elle fait surtout souffrir si un coude en passant la heurte, si une secousse soudaine la ranime et la rouvre. Alors toutes les sensations du champ de bataille reparaissent, on s'imagine qu'elle saigne ; et, s'il s'agit d'un membre enlevé, l'amputation elle-même n'est plus qu'un songe, la dou-

9

leur restitue à son haut degré d'autrefois toute
l'agonie ancienne.

Ainsi advient-il au cœur refermé sur une plaie.
Il faut bien qu'elle se soit cicatrisée, assoupie et apparemment guérie, puisqu'on n'en est pas mort, et
qu'on semble, au contraire, vivre tranquille de la
vie des autres. Mais qu'une rencontre inattendue
survienne, qu'un son de voix douloureux résonne,
qu'un regard disparu croise tout à coup le vôtre,
l'appareil de silence tombe à terre, la blessure se
déchire, le sang du cœur coule à flots.

Cependant ce choc douloureux s'apaisera, l'impression passera, comme l'imprévue rencontre ; la
blessure rentrera dans son calme sous sa lourde
torpeur de nécessaire oubli, au fond des catacombes
du cœur. Et, en vérité, beaucoup vont ainsi dans
la vie, avec des blessures d'invalides, adoucies par
le temps, cicatrisées par la distance. Un cœur de
bois vaut une jambe de bois, on n'en pleure pas
sans cesse. Ne voyons-nous pas les vieux gro-
gnards avec leurs membres absents trinquer aux
tables des guinguettes, friser encore de leur seule
main vivante leur vieille et grise moustache guer-
rière, éprouver au soleil la béatitude des bienheureux lézards, que dis-je ? sourire avec capacité,
d'un œil avantageux — comme d'anciens conqué-

rants en plus d'un genre — aux belles filles rou-
geaudes qui passent sur l'Esplanade?

Les uns vont... avec un bras de moins, les autres avec une jambe de bois, ceux-là ou ceux-ci
avec un nez d'argent. Toi, ô mon dur compagnon,
vas avec un cœur de moins, vas avec le rude acier de
ta volonté, le glaive de ta résolution, enferré vail-
lamment à la place de ton cœur !

☆

Ne dis pas ton secret. Qu'une chose
ta douleur ! Cœur fier, enferme ton tré.
mes : ta peine est ton diamant le plus . . .
une croix sur ton écrin sans prix. Précieusement,
les autres serrent leurs colliers de perles ; tu as ton
âme, toi ! ne laisse pas traîner ton âme magnifique. Les indifférents ne doivent pas la connaître ;
les ingrats doivent y renoncer. Dieu seul, Dieu tout
seul en est digne. Ne dis pas ton secret. Garde pour
toi tout entière, toute cachée et toute blanche,
garde ta douleur, garde ta sainte, ta royale et vail-
lante, ton immortelle douleur. Ne dis pas ton secret, tais ta plainte...

☆

La personne à qui je confie mon secret (oh ! ma-

ladroite que je suis!) est un ennemi qui dort et
que j'ai l'imprudence de réveiller.

☆

Ne jetez pas sur un amour perdu l'irréparable
outrage de ce que le monde appelle des *distractions*. Toute faute accroît la séparation, sans étouf-
fer le souvenir. Ayez le respect de votre douleur,
comme vous aviez le respect de votre tendresse.

☆

N'attente pas à ton amour, soigne-le bien chèrement, prends garde aux moindres meurtrissures.
Ce sont coups de pioche, plus que coups d'aiguilles.
Oh! si tu savais quelle douleur on se fait à soi-
même en causant le plus involontaire chagrin à
l'ami ou l'amie! Tout est irréparable dans les choses du cœur. Quelque réconciliation qui se fasse,
le souvenir ne peut s'éteindre, le souvenir de la
peine infligée ou subie demeure toujours, ne s'efface, ne peut s'effacer jamais!

☆

Comme la végétation est belle sur les morts!
Ainsi soit belle ta pensée sur les débris morts de ton
cœur en poussière!

☆

— Pourquoi te retires-tu de l'amour, Gabrielle ?
Tu es belle, tu serais aimée.

— Je ne puis rivaliser avec l'infinie imagination
des rêves, l'idéal est inaccessible, je ne prétends
point à la féerie des songes : et je ne veux rivaliser
avec aucune des réalités grossières de la vie.

☆

J'ai trouvé une explication toute naturelle aux
façons d'être des amours humains. Ne réfléchis-
sent-ils pas, pour la plupart, l'homme lui-même,
cet être périssable, accidentel et mortel ? L'amour
que nous voyons reproduit communément ces pha-
ses naturelles de la vie de l'homme : la naissance,
la souffrance et la mort. Il naît, c'est l'éblouissement ; il grandit, c'est la passion, c'est-à-dire la
souffrance ; puis il décroît et disparaît : c'est la mort !

☆

Le cœur à peine a un printemps. C'est tout de
suite un été brûlant, vite embrasé, vite consumé !

☆

Il y a des cœurs qui n'ont qu'une manière de souffrir ; c'est..... de mourir.

☆

Je me suis souvent demandé si les nuages n'étaient pas, là-haut, l'amoncellement de nos larmes, cette vapeur des âmes, brouillard naturel de la terre !

☆

La jeunesse, mes enfants, c'est l'exubérance, c'est le manque de mesure ; l'expérience, mes enfants, c'est, dans les jugements et dans la conduite, la mesure.

☆

Dans la jeunesse on s'attend toujours au *miracle*, et l'on vit là-dessus ; dans l'âge mûr, on ne peut échapper au *réel*, et l'on en meurt.

☆

La jeunesse est tellement le seul âge apprécié de la vie, le seul temps absolu de la *vraie vie* que les vieilles gens ne manquent jamais de dire, se rappelant le temps passé : *de mon temps !*

☆

« Il vient une saison où l'on ne sait plus que regretter, et au travers de laquelle cependant il convient de marcher avec vaillance. Amertumes de la
vie, vous ne cesserez qu'avec elle ! La vieillesse est
une plaine de neige qui glace le regard du passant, et la joie dans le cœur du vieillard. »

(Marquise de BLOCQUEVILLE.)

☆

Comment dans la vieillesse peut-on valoir moins
que dans la jeunesse, quand toute la vie on s'est
appliqué à valoir davantage ? Efforts, travaux, souffrances, discipline de l'âme, expérience du cœur,
qu'êtes-vous donc pour nous, si les années ne nous
apportent rien ?

☆

D'un appartement laid et disgracieux faire un
gîte respectable et encore pittoresque à l'œil : telle
est l'œuvre de transformation d'une laideur de corps
traversée d'une belle âme.

☆

La gaîne usée par le frottement des poches ou
le choc des voyages n'engage en rien l'intégrité du
joyau immuable et superbe. Ainsi la pensée sous

un vieux front, ainsi l'âme dans un vieux corps. Rien n'y touche, rien n'y attente : aussi intacte, aussi belle, aussi jeune, subsiste sous les rides l'âme impérissable ; aussi précieux, sous la neige de l'âge, demeure le lis immaculé du cœur.

☆

La lumière est aussi bien la lumière dans un bougeoir de tôle que dans un flambeau incrusté de perles. Le feu est aussi bien le feu dans une chaumière indigente qu'en un palais superbe. La lumière n'a pas d'années, la lumière est immortelle ; le feu est roi et maître, le feu est immortel. La lumière ni le feu ne s'altèrent dans leur belle flamme inviolable ; aucune pauvreté ne les amoindrit.

Le cœur, dans un corps en ruines, est le même cœur qui brillait et éblouissait en un corps jeune et beau : inaltéré dans sa beauté, inaltéré dans sa chaleur, inaltéré dans sa lumière.

☆

Le cœur n'a rien à faire avec les rides du visage : il subsiste immuable, immortel, avec son indestructible puissance d'adorer, de se sacrifier, de souffrir. Les femmes sincères en conviendront ; j'en ai fait l'observation chez les plus nobles, sous de beaux fronts de neige. Mais la partie, hélas! est toujours solitaire. On a toujours l'âge d'aimer; on n'a qu'un temps très-court l'âge de charmer et d'être aimée.

☆

L'amour est éternel. Dans le panorama des jours ce sont les objets de son culte qui défilent, se déplacent et qui changent. La faculté d'amour reste entière. L'âme n'est ni amoindrie par la vie, ni diminuée, ni refroidie. L'âme, faite d'amour, aime sans déperdition d'elle-même jusqu'à son dernier souffle et son dernier soupir.

L'amour est le soleil de l'âme. — Fait de lumière et de chaleur, il ne cesse jamais d'être, de briller et de rayonner. L'image de Dieu s'y reflète sans nuage et sans ride : illumination d'infini et de rêve.

☆

Une réflexion à l'avantage des vieilles femmes : Quand les femmes sont jeunes — et encore faut-il qu'elles soient jolies — les hommes les aiment avec ce qu'ils ont de pire : les sens. Quand elles sont vieilles, si elles sont douces, indulgentes, obli-

9.

geantes et aimables, ils les chérissent avec ce qu'ils
ont de meilleur : le cœur.

☆

La suprême conquête de l'âge mûr, c'est l'indulgence. Rien ne rend miséricordieux comme la vue
des luttes et des souffrances humaines. Après la
douceur de ne plus demander aux autres le bien
qu'ils ne peuvent donner, il faut mettre à très-haut
prix la paix de leur pardonner le mal qu'ils font,
en considération de tant de mal qu'ils ont, de tant
d'efforts qu'ils tentent. Ne plus rien attendre mène
tout droit à ne plus pleurer.

LETTRES A NOBODY

LETTRES A NOBODY

La personne de qui nous empruntons ces lettres
est morte dans la vie. Beaucoup ont cru la reconnaître, aucun ne l'a connue. Peu importe son genre
de mort. Il y a tant de manières d'être mort et de
paraître vivant encore! L'ami ou l'amie que vous
aviez il y a vingt ans, et que des circonstances ont
séparés de vous, peuvent par hasard revenir un jour;
il ou elle ne seront plus les mêmes. L'adieu d'autrefois était éternel, le serrement de main du départ ne devait plus retrouver la même chaude
étreinte : ils ont changé, vous avez changé. A l'un
peut-être, la paix et les bénédictions de ce monde
sont venues; à l'autre, des peines ont ajouté aux
peines. Le soleil est resté d'un côté, l'ombre s'est
épaissie de l'autre. Tandis que l'un suit allègre-

ment son sentier de fleurs, qui peut dire à travers quelles aspérités se déchire et se blesse le pied fatigué de l'autre? Sans compter la distraction de figures étrangères, l'intérêt de soucis divers, l'attrait de sympathies nouvelles! Oh! non, cet ami ou cette amie pourront redevenir vos amis plus tard; ils ne seront plus jamais, non, jamais plus les mêmes, les amis disparus d'autrefois!

L'inconnue qui nous a prêté ces pages est bien morte dans tous ses rêves. Rien n'a subsisté en elle de ses vivacités passionnées, de ses promptes et immenses confiances, de ses irrésistibles éclats de rire. La cognée de la vie s'est abattue sur sa jeunesse et a fauché toutes ses guirlandes. La précoce expérience est venue tenant son rouge et cruel flambeau, puis, dans ce cœur si grand ouvert a fait entrer toutes les lumières. Vous qui croyez encore la rencontrer, faites le signe de la croix : c'est un fantôme.

Nous l'appellerons, si vous voulez, la Solitaire. Son portrait, d'une complexité inouïe, exercera et déconcertera encore bien des critiques, à travers ces confidences de sa pensée. Il vint un jour où, toute seule de son esprit à travers trop de foule, la Solitaire se créa d'imagination un ami, compagnon du silence. Cet ami est *Nobody*. Avant ce testament de

tout son cœur, peignez-vous l'inconnue comme il
vous plaira : peut-être tendre et fière, peut-être
railleuse et crédule, peut-être à la fois jeune et
vieille, peut-être très-grave et très-rieuse, très-
craintive et très-téméraire, à coup sûr sincère et
loyale, d'une probité de conscience absolue, d'une
bravoure d'amitié à toute épreuve. Mettez pour épi-
taphe sur sa pierre idéale : *elle n'en veut à personne.*

Et maintenant, ceux qui réfléchissent sur eux-
mêmes, et le nombre en est grand encore, quoi
qu'on dise, trouveront un intérêt singulier dans
cette bonne foi d'impressions qui portent, comme
une estampille de fer chaud, l'empreinte d'une
pensée vécue.

Prends ce livre, qui que tu sois qui me liras; il
y a là-dedans et ma chair et mon sang, le plus pur
de mon sang, tout le sang de mon cœur : ce ne
sont pas des larmes que tu croiras saisir au passage; ce sont, te dis-je, ce sont à flots des gouttes
de mon sang rouge où pourront se réjouir ceux
qui, si durement et si brutalement, si cruellement,
m'ont fait souffrir.

☆

J'ai habité avec l'épouvante, j'ai vécu face à face
avec la terreur; la douleur a été ma compagne et

ma sœur : nul jamais, jamais, jamais ne pourra
mesurer les chagrins de ma vie. Et maintenant je
demande sur toute cette intense agonie, je demande, je veux le silence. Ma tâche est faite, j'ai
la liberté de mourir. Et cette dure joie, cette joie
qui m'achemine vers la paix tant souhaitée (tant
gagnée !), je veux la savourer dans mes larmes. Il
ne faut pas que personne touche à mon repos; je
vous le dis : j'ai la liberté de mourir, j'ai le droit
de mourir !

☆

Dans le commerce de la vie mon cœur n'est plus
engagé : je ne peux plus rien perdre de cette douloureuse marchandise, la faillite est depuis longtemps consommée. — De nouveaux naufrages pourront me faire perdre du temps, de l'argent, des
relations, de belles, d'obstinées illusions, dernière
floraison de l'esprit peut-être..... tous les biens indifférents qui me restent pourront y passer; mais
le vrai trésor est absent, le vrai trésor a péri, la
cargaison qui maintenant peut sombrer est légère...

☆

Des mêmes chagrins de ma vie d'autres eussent

fait de la révolte, de la haine, peut-être de la vengeance, à coup sûr de l'amertume et du découragement. Moi, j'en ai fait d'abord de la douleur ; puis, peu à peu, j'en ai fait de l'éducation. Chez les autres, l'éducation se fait à coups de livres ; chez moi, elle s'est faite à coups de désespoirs.

☆

Le seul triomphe, hélas ! de mon prétendu stoïcisme est, non pas de m'empêcher de pleurer, mais d'empêcher que les autres me voient pleurer.

☆

LETTRES QUI N'ONT JAMAIS ÉTÉ ENVOYÉES

Combien y a-t-il d'années ? Le sais-je ? A la suite de grands événements, la mesure du temps n'est pas appréciable ; il semble qu'une brèche se soit produite dans la vie ; un abîme sépare la pensée de gens et de choses qui ne sont plus. Le silence est fait d'éternité. J'ai peur de remuer mon silence. Et cependant, comme les jours et les jours s'accumulent, comme les saisons décroissantes rapprochent le terme immanquable, comme chaque heure qui

sonne fait songer à l'heure qu'on n'entendra plus,
la mémoire grave et recueillie remonte mélancolique les sentiers d'autrefois. Ce sont les prépa-
ratifs du départ. L'expérience calme et sereine
promène son flambeau à travers les fantômes du
souvenir, et la sagesse résignée pousse du pied
ces décombres.....

Oui, voici des lettres qui n'ont jamais été envoyées, et qui devaient accompagner des livres ; la
guerre est venue, toute affaire personnelle dut cesser ; lettres et livres rentrèrent dans l'inconnu.

Je n'ai pas brûlé ces lettres non envoyées ; et à
cette distance où elles furent écrites, quelle lumière
différente sur ces pages de la vie ! Les suscriptions
toutes seules sont une ironie et une peine : je ne
pourrais pas les rouvrir. Tant d'appels d'autrefois
demeurés sans réponse ! Tant de musique d'âme
restée sans écho, perdue dans le désert en compagnie des vents sauvages et désolés !

Avez-vous éprouvé combien il est cruel de faire
l'inventaire du cœur ? Que de décomptes, que d'a-
varies ! Ces lettres inutiles, jaunies, oubliées tant
de jours, reparaissent comme de vieux acteurs sans
blanc ni rouge retirés de la scène.

N'y touchez pas, vous dis-je ! Les suscriptions

suffisent. Ceux-là sont morts ; ils ne sont que morts : c'est bien. Ce sont encore les plus vivants parmi ce cimetière du passé. Appelés à la lumière éternelle, ils ont vu comme en une apothéose les abîmes si profonds de ma tristesse ; et les pauvres lignes que voici sont bien insuffisantes et bien pâles, à côté de l'entière clarté dont ils jouissent. Paix à ceux-là ! Pour eux, les petits intérêts de ma vie ont été mesurés à la vraie mesure de l'éternité.

En voici d'autres. Que voulaient dire ces prétendues amitiés ? Oh ! si je ne veux pas me relire, c'est moins encore en raison de la peine que me causerait leur changement, que ma propre humiliation inévitable à l'ironie de mes paroles. Moi aussi, j'ai dû changer ! Ce que je pensais autrefois était singulièrement aventuré et insensé.

D'ailleurs, *Ils* et *Elles* n'habitent plus la France. Le changement de décor de la politique a renvoyé dans les coulisses ceux qui, en ce temps-là, occupaient le devant de la scène. Voici, voici la *lanterne magique !* A chaque nouvelle représentation de ce monde, apparaissent de nouveaux comédiens, je veux dire de nouveaux personnages.

Mais, quels sont ces autres noms qui, à travers tant de poussière, se détachent des autres et flamboient ? Ces noms-là, oh ! toutes les images possi-

bles : poignards sous les roses, coups de foudre en
plein soleil, trahisons dorées de flamme n'exprime-
raient pas la cruauté de leur histoire.

Elles resteront là, ces lettres non envoyées. Je
ne les ouvrirai jamais ; mais je ne les détruirai
jamais non plus. Il est bon, avant de partir de ce
monde, d'avoir constamment devant les yeux ce
témoignage de la misère du monde.

Mais quel est donc ce papier isolé, ce papier de
mon écriture que je ne reconnais pas moi-même ?
Suscription et enveloppe absentes, intention oubliée, nulle indication d'aucun genre. A qui donc
écrivais-je ces choses ? Misère des froides politesses, monnaie courante à l'usage des passants de
la vie !... J'ai beau chercher dans ma mémoire, je
ne retrouve plus à qui pouvaient s'appliquer ces
lignes. Cette ironie des formules humaines, vivantes
une heure cependant et vibrantes, n'atteint-elle pas
pour un cœur le plus haut degré d'amertume ? Voilà
que je ne me souviens pas moi-même de cette destination d'un serrement de main ! Connaissez-vous
au monde dérision plus sanglante que cette simple
question sans réponse : *A qui ?*

Et pourtant, quoi de plus naturel ici-bas que des
amitiés qui n'étaient pas des amitiés, des sentiments qui n'étaient qu'un vent de parole, des dé-

monstrations qui n'étaient que de l'oisiveté lassée d'elle-même ou ennuyée ?

Et moi, y croyais-je donc à ces expressions qui n'avaient seulement pas conscience de leur vide ? Oui, ces lettres témoignent que je donnais du vrai cœur, du *vrai or*, là où il n'y avait en échange que de la fausse monnaie de cuivre. Mon nom ne dit plus rien à d'anciennes oreilles bienveillantes ; que je sois ou non effacée du livre de la vie, que je sois encore en faction militante ou que je dorme profondément au milieu de travées de morts, qu'un peu de succès produise au-dessus de moi une fusée, ou que ma nuit noire demeure ma même nuit noire, nul n'y prendra garde, aucun ne s'en apercevra, cela ne produira pas la moindre différence parmi ceux et celles dont voici les noms là, et qui autrefois, me trouvant de la lumière dans les yeux, m'avaient souhaité la bienvenue !

Je le répète ; les événements nous ont séparés comme par un abîme des choses écoulées, des figures disparues. Il est tout simple de se retrouver dans la solitude. Ceux-là en qui nous croyions avaient-ils seulement regardé à nos âmes ? L'indifférence n'est pas toujours de la trahison ; ce n'est que de l'indifférence. De ce que notre nom n'offre plus aucun son à quelques-unes de ces portes du cœur, faut-il en conclure de vrais crimes? On est souvent par ses plus proches amis plus *inconnu* que *méconnu*. Pour ceux-là qui avant moi sont morts, j'étais simplement *inconnue*.

Je te salue, ô maîtresse de ce monde, naïve et calme *Indifférence !* Je vais dans leur coffret d'oubli replonger ces lettres fanées.....

☆

LETTRE A NOBODY

Je veux t'écrire, ô Nobody, dans un de ces rares moments de paix résignée où ma pensée s'accorde à elle-même un armistice. Je viens de parcourir idéalement un long pays de rêve, où j'ai partout cherché et partout demandé la fleur de l'indifférence. Peut-être l'ai-je un peu trouvée. Je confesse que j'ai ressenti trop violemment jusqu'ici et avec trop de véhémence les peines et les injustices de la vie. J'ai assourdi de mes plaintes ceux qui ne se souciaient pas de m'entendre. J'ai eu tort : me voilà étonnée de moi-même. Au sortir d'une grande crise morale, l'esprit affaibli éprouve la stupéfaction d'exister qu'éprouve le malade convalescent, qu'une fièvre ardente n'a point tué. Eh ! quoi ! tant souffrir n'accuse-t-il pas une personnalité trop vive ? L'esprit ne doit point découvrir ainsi ses morsures, le cœur ne point ainsi divulguer ses plaies.

En cet instant où j'écris et où j'obtiens d'être résignée, ma vue est aussi nette qu'autrefois, je vois défiler comme toujours les masques et les caricatures qui ornent la scène hypocrite ou brutale de ce monde : rien ne m'échappe des pusillanimités ou des cruautés des consciences, et je trouve toute naturelle et toute logique d'incohérence cette procession de farce humaine. Je crois même, Dieu me pardonne ! que je fais à ce sujet une chanson dont voici le refrain :

> De ce qu'on nomme cœur humain
> Rien ne m'étonne, rien ne m'étonne...

Eh bien ! oui, il faut les prendre comme ils sont, ces pauvres semblables, dont quelques-uns nous ressemblent si peu ! La convoitise, la vanité, les mesquines petites passions de minuscule intérêt personnel, de puérile concurrence quotidienne, sont le bagage obligé des vulgaires passagers de la vie : c'est leur sac de nuit, à ces compagnons ! Il y a tant de candeur quelquefois dans leur fait, que le meilleur parti est d'en rire. Jamais, oh ! jamais ! il

n'en faut pleurer. Faisons-nous à nous-même une
sorte de commandements journaliers :

Plus autant tu ne souffriras
De vivre misérablement.

Tous tes fardeaux tu porteras
Comme une plume, allègrement.

Tout ton cœur tu ne donneras
A qui n'en veut aucunement.

Plus rien de trop tu ne diras,
Peine ou joie, indifféremment.

Ton esprit tu renfermeras
En silence, éternellement.

De tes yeux tu regarderas
Sans une larme, un seul moment.

La pitié que tu sentiras
Sera muette, simplement.

Les aumônes tu répandras
Couvertes d'un oubli clément.

De rien tu ne te souviendras
Sans pardonner paisiblement.

Très-humble tu végéteras
Et mourras inclusivement.

Pour finir par un conseil tout féminin et d'usage

essentiellement pratique, j'ai envie, ô Nobody,
d'ajouter à ces dix commandements ce onzième,
intime et familier :

La main que tu présenteras
N'aura plus de doux serrement.

☆

J'ai été bien longtemps dans la vie à reconnaître
et à débrouiller le matériel et le spirituel. — D'a-
bord, je ne voulais pas de matériel du tout. Quand
il a fallu me rendre à l'évidence, je voulais intro-
duire du spirituel dans le matériel; j'ai vu ensuite
que le matériel primait toutes choses. Enfin, la
confusion la plus grande règne dans mon esprit,
car je continue à chérir, oh ! à chérir par-dessus
tout le spirituel et l'idéal; et j'ai l'air dans le
monde d'un oiseau qui n'a plus ses ailes, et qui
marche dans la boue avec de pauvres pattes grosses
d'un fil.

☆

O prêtre ! pourquoi être autant déçu au milieu
des choses de la vie ! O prêtre, homme de pensée,
esprit de lumière et de vérité, qu'as-tu donc pu
vouloir, qu'as-tu donc pu rêver ou désirer encore à

travers ces puérilités, ces tas de faiblesses, ces inexprimables mensonges, ces apparences et ces sottises; qu'as-tu donc estimé digne de toi dans cet amoncellement stupide? Est-ce que le titre de serviteur de Dieu, préposé au gouvernement des âmes, ne suffit pas à ta fière convoitise? Oh! si ceux-là qui doivent diriger les consciences se laissent prendre aux friperies de ce monde, que nous restera-t-il donc à nous les vulgaires, les ignorants, le troupeau? Si les rois de l'intelligence s'amusent aux cailloux de la route, la beauté idéale des cieux suffira-t-elle à nous autres, les timides et les simples?

☆

Madame ***, l'intéressante malade que je vois tous les jours, me disait hier de sa douce voix :

« On trouvait autrefois que j'avais du courage; hélas! je n'avais que de la santé! »

Que de profondeur et que de justesse dans cette parole si simple! et comme nous pourrions dans bien des cas nous l'appliquer à nous-mêmes! Ce qu'on nous félicite généralement de faire, nous le faisons, parce que nous le pouvons faire; notre santé morale nous y convie, et nous n'avons pas à en tirer vanité. De même pour la besogne physique; si nous arrivons à nos tâches, c'est que nos

forces y suffisent : raison péremptoire pour ne
manquer à rien. Ce qu'on fait, on le peut faire ;
et ce qu'on peut faire, on doit le faire.

☆

J'ai beau faire, je ne puis me décider à descendre
dans l'arène. Et pourtant, j'aurais bien des choses à
leur dire, à ceux-ci ou à ceux-là. Mes contemporains sont fous. L'aveuglement de la plupart est tel
qu'ils nient le soleil en plein midi, et qu'ils se refusent à voir l'immense manifestation de lumière qui
éclate sur tant de points du globe. Ce n'est pas que
j'appartienne à ceux-ci, plutôt qu'à ceux-là. Je
n'aime guère plus les blancs que les rouges ; mon
esprit appartient aux choses éternelles ; mais ce
conflit de haine réciproque m'abasourdit, presque
autant qu'il m'épouvante. Qu'on veuille ou non le
reconnaître, un grand souffle démocratique a passé
sur la France, le courant du siècle porte vers l'é-
mancipation du peuple. Vouloir remonter ce courant est chose criminelle, autant qu'insensée. Les
noms ne sont rien pour moi, les individus n'étant
que les instruments des idées. Les idées seules existent aux yeux du philosophe. Eh bien ! les voici en
armes, les voici en bataille ! Voilà le passé, voici
l'avenir. Oui, la lutte actuelle ne signifie pas Cham-

bord ou République. La crise présente n'est pas
une crise politique; c'est une crise sociale. Répé-
tons-le bien haut : nous sommes en pleine guerre
sociale. D'un côté, voilà les anciens champions.
Revêtus des vieux priviléges, ils s'imaginent re-
faire une belle France, en mettant à la pauvre
malade une couronne sur la tête. D'un autre côté,
voici les nouvelles phalanges. Apres, ardentes, ro-
bustes comme la plèbe énergique, elles entendent
s'approprier la patrie renaissante et l'estampiller
de leur empreinte rouge, en la décorant d'un bonnet
phrygien. Passion et folie des deux côtés. Vous ne
pouvez pas, vous, retenir le passé; vous ne pouvez
pas, vous, par la seule impatience de votre désir,
improviser le lointain avenir. C'est au temps à
faire l'œuvre du temps. Les colères ne sont point
des principes, les émeutes ne sont point des raisons. Protestation contre le flot qui monte, une
monarchie pourra être votée, un roi de quelques
jours pourra, plein de bon vouloir, s'asseoir quelque
temps sur un trône recloué, l'idée ira toujours son
chemin insensible, et le profond courant continuera
d'ébranler sourdement, et peu à peu de saper les
fondations anciennes.

J'ai fait alliance avec les choses éternelles. Désintéressée de tout bénéfice dans l'un ou l'autre butin

de l'une ou l'autre armée, j'assiste à l'antagonisme
haineux où le pauvre pays succombe. Une voix
autorisée devrait dire aux uns : Prenez garde! aux
autres : Attendez! — Ce qui doit être sera. Que ce
soit sans des flots de larmes; que ce soit sans des
flots de sang!

Vous, vétérans du passé, ne méprisez pas les
aspirants de l'avenir. Vous, candidats de l'avenir,
n'insultez pas les représentants généreux du passé.
Les coups que vous portez frappent tous la France,
votre mère à tous. Frères aînés, donnez la main à
vos frères plus jeunes. Qu'on ne dise pas bientôt des
Français : « Les parricides! en se la disputant et se
l'arrachant, ils ont de concert assassiné la patrie !
Ce fut le seul point où ils surent s'entendre! »

★

Il faut vous dire que, pour mon usage particulier en ce temps de parlementarisme, je me suis
constitué vis-à-vis de moi-même une petite Assemblée nationale, et j'ai décrété pour les intérêts de
ma cause un ministère de la Raison publique. Le
besoin s'en faisait grandement sentir; et, assistée de mon propre suffrage universel, je n'ai pas
tardé à créer mes fonctionnaires. Il est vrai que,
pour la manœuvre de mes personnages, je dispose

10.

d'un terrain illimité. Quel champ vaste que tout
l'espace de la pensée ! Quels monuments j'y peux
bâtir ! Quelle artillerie j'y peux exercer ! Quelles
évolutions j'y peux réaliser !

Je n'ai jamais, mieux qu'en ce moment-ci, apprécié et savouré la bénédiction incomparable de
n'être rien ; je ne cesse de m'adresser à ce sujet
des félicitations interminables. Ne faire partie d'aucun rond de monde qui vous enferme dans sa folie
et vous numérote selon sa sottise, n'appartenir à
aucune coterie qui vous impose le blanc ou le bleu
ou le rouge de sa cocarde, ne relever d'aucune
commission des Trente ou des Quarante ! Pouvoir,
à la cantonade, parler et de rien et de tout ! Ne
donner de gages à aucune dynastie, n'être l'espérance d'aucune République, et ne se sentir tiraillé
par personne : quelle Arcadie de tranquillité !

Songez donc ! Si vous avez le malheur d'avoir du
bonheur, l'infortune d'être quelque chose dans la
vie, vous êtes naturellement une cible de la part
de ceux qui ne sont rien ; ou bien, autre désastreuse
conséquence ! chacun se fera de vous un marche-pied
pour arriver soi-même, chacun vous tirera vers soi,
tout le monde prétendra que vous lui appartenez ;
et, dans ce tohu-bohu de convoitises et d'âpres
personnalités insatiables, les basques de votre habit

restent en sens inverse sur le carreau, vous êtes vous-même l'objet de mille meurtrissures; et, calamité plus grande de ne contenter personne, de mécontenter tout le monde et de chavirer dans la bagarre, vous n'arrivez, hélas! à servir utilement aucune cause!

J'ai donc, je le répète, la bénédiction incomparable d'être en dehors des stériles et jalouses ambitions humaines; je peux donner la main à M. Gagne et me déclarer, ainsi que lui, la fusion elle-même en personne. N'étant hissée sur aucun piédestal, nul ne viendra scier les barreaux de ma chaise et me faire piteusement tomber par terre. Tandis que, pour les serviteurs de la vie, s'agite le pêle-mêle des intérêts humains, il me semble, en vérité, assister du haut d'un balcon tranquille à un spectacle où je ne joue point de rôle.

De temps à autre j'évoque, et à mon heure et à mon gré, quelque très-calme dignitaire de mon ministère de la Raison publique, et je vois venir: l'Impartialité, le Désintéressement, la Justice, qui s'entretiennent avec moi du gouvernement des âmes, et considèrent de très-haut les destinées humaines. Une paix parfaite règne dans l'Assemblée, aucun président Grévy n'a besoin d'agiter sa sonnette; et, au-dessus des chicanes inutiles et pué-

riles, loin des salons, à mille lieues des choses de
la rue, des améliorations possibles prennent figure
au milieu de nous, sous cette forme de la Patience,
de la Dignité et de la Vérité.

☆

Je ne sais d'où je viens, je ne sais où je vais;
mais je sais que j'existe; je sais qu'ayant regardé
autour de moi sur la terre — mon lieu de campe-
ment passager — j'ai vu partout la souffrance, j'ai vu
l'affreuse convoitise, l'égoïsme insensé, l'âpre pour-
suite des biens qui n'en sont pas; j'ai vu l'erreur, mère et fille du mal universel, régner en souveraine parmi le monde; et, l'esprit dans la lumière,
le cœur dans les ténèbres au milieu de tant de
troubles douloureux, j'ai cru à la conscience humaine, j'ai voulu dégager de ses voiles, enseigner
et prouver la beauté de la morale, innée dans
tout être pensant; et, lorsque les plus autorisés
parmi les doctes, lorsque les meilleurs procla-
maient comme une loi de fatalité l'arrêt inévitable
du malheur, décrété d'avance pour toute créature
venant en ce monde, j'ai voulu affirmer que le bonheur existait, parce que le bien peut et doit exister;
j'ai voulu affirmer qu'être bon signifiait être heureux;

que remédier aux souffrances d'autrui, c'était pour soi-même atteindre dès cette vie la sérénité, la paix, l'entière félicité de l'âme. Oui, j'ai voulu affirmer et j'affirmerai jusqu'à mon dernier soupir que le bonheur n'est pas le plaisir, que nous possédons chacun de nous, au fond de nous-même, la racine de cette plante ineffable que notre volonté peut faire s'épanouir : le bonheur, indépendant des autres, libre de toute fluctuation extérieure, préservé de toute vicissitude humaine.

Ne rien demander — pour le bonheur — aux autres ; ne rien attendre — pour le bonheur — des autres, parce qu'ils ne peuvent rien de fixe, d'immuable, d'éternel, parce qu'en vérité ils ne peuvent — tels qu'ils sont — rien nous donner. Mais, telle est la religion, donner aux autres, parce que nous pouvons et devons, nous les calmes, les patients et les forts, parce que nous pouvons, dis-je, leur venir en aide, les assister, les réconforter et les affermir, et nous gratifier ainsi de la plus grande somme de béatitude homaine qu'il soit donné à l'âme humaine de posséder.

Cette religion de l'abnégation pour soi, du dévouement pour les autres, est la religion de la paix, de la santé morale, de la joie sans mélange.

Lorsque tous niaient qu'on pût marcher à travers

tant de ronces, nous avons voulu affirmer la terre
promise ; l'Évangile disait avec nous, à ces âmes pa-
ralytiques : Croyez, prenez votre lit et marchez. Oui,
lorsque tous avaient peur, nous avons voulu dire :
« Marchez, osez, croyez, sentez-vous forts, soyez
heureux. » Se dégager de soi, être désintéressé,
utile et doux ; amener le soleil dans le regard des
autres, et ne pas souhaiter le moindre *merci :* cela
s'appelle bonheur, bonheur et bonheur.

☆

BIRTH-DAY

Mon *birth-day !* Oh ! quel lointain souvenir ! Quel
triste souvenir ! Et combien, semblable au vieux
Swift, j'ai raison de me mettre en noir ce jour-là !

Oserai-je regarder en arrière ? Non, je n'oserai
pas, car je ne le peux pas ! Je ne puis ressonger à
ma vie. Mes peines ont été plus que des peines ;
elles ont été de l'épouvante et de la terreur ! Je ne
saurais impunément revoir les précipices qu'il m'a
fallu franchir les yeux ouverts. Passons. Ai-je fait
mon devoir ? mes efforts ont-ils valu quelque chose,
aux yeux miséricordieux de mon juge ? Passons.
Rien ne peut se recommencer, quels que soient
les regrets, quels que soient quelquefois les re-

mords. Jo sais que mon cœur a saigné goutte à
goutte tout son sang, et qu'à force d'avoir pleuré
je ne puis plus trouver de larmes. Les trois quarts
de mon voyage terrestre sont faits et au delà. Malgré les aridités du chemin, les aspects désolés du
cruel paysage, l'immense faculté d'amour que je
portais en moi versait sous mes pas le soleil. Oui,
dans cette puissance de penser et de sentir, j'ai
connu les enchantements du *Beau*. A présent le
soleil s'est couché derrière l'horizon ; le feu d'artifice de mes songes s'est éteint.

A présent, c'est naturellement le silence et la
solitude. *Le voile du temple s'est déchiré en deux ;*
les écailles que j'avais sur le cœur sont tombées ; et
devant moi s'étendent les steppes et le désert ; le
désert infini, les steppes désespérés !...

Pourquoi *désespérés ?* Est-il donc si fâcheux de
voir clair ? Tout ce bruit qu'autour de moi je me
faisais moi-même valait-il la possession de la vérité
calme ? Le chemin s'est aplani, les fondrières sont
passées. Une douce lumière d'automne caresse le
soir de la vie...

Je veux me souhaiter mon anniversaire. A l'écart
ici-bas, j'ai l'indicible félicité de n'être obligée à
rien, vis-à-vis de personne. Voyageuse fatiguée, je
puis tranquillement me retirer sous ma tente. Mon

absence ne sera pas une minute remarquée dans le monde. Béni soit Dieu !

Oui, je vais me donner un bouquet d'immortelles. Ce ne sont plus les roses de mai, qui feront ma guirlande; ce ne sont plus les bleus myosotis, qui se poseront sur mon cœur. Je vais me donner, dis-je, un bouquet d'immortelles : un de ces bouquets d'éternité qui, placés sur une tombe, restent à jamais sur cette tombe.

Voici la fleur du silence, la douce fleur bien-aimée de la Paix, sa compagne. Un goût du ciel se mêle aux arômes de la solitude. Une bienveillance infinie — privilége de ceux qui ont beaucoup pleuré — apporte jusqu'à moi l'incomparable parfum de la bonté clémente; la résignation enjouée achève cette bénédiction de l'Éden ; et, consolation que j'avais perdue, voici venir toute une rosée de larmes....

Je me suis donné — je l'ai dit — un bouquet d'immortelles... En route pour le repos suprême, je suis heureuse, et je suis prête. A quand la dernière station du voyage, la cloche d'appel de l'arrivée ?

☆

Tu as des arbres, tu as la mer, tu as les libres nuages glissant magnifiques au-dessus de la tête dans ce grand ciel qui te plaît tant : les oiseaux bien-aimés te chantent leurs chansons ailées, le vent — ton favori d'enfance — ajoute sa musique idéale aux rumeurs voisines des flots mystérieux. Ce doux et sévère paysage hante ton rêve les nuits d'hiver, seule dans ta chambre haute. Et tu es triste ; une oppression écrase ton cœur ; dans ton regard qui croit se taire passent l'éclair et la tempête ; ton silence est rempli d'orage ; on sent autour de toi une pensée en deuil qui, à grand'peine, refoule des larmes....

Ne dis rien, tu ne dois rien dire ; l'effort n'est jamais complet ; la résignation n'est jamais obtenue, la victoire n'est qu'intermittente ; la lutte gigantesque du vieux Jacob recommence dans ton esprit chaque jour ; quand tu crois avoir tout gagné, tu n'es que lasse, tu n'es qu'abattue. Un repos entre deux batailles, une halte dans la mêlée, un accablement que tu prends pour du calme, voilà les fiers succès dont tu te flattes. Ne dis rien, tu ne dois rien dire. Le flux et le reflux de la mer, telle est ton image éternelle. Et violemment proteste ton

11

cœur; ardemment veillent tes vieux songes. Un
diamant dans son écrin fermé n'est pas plus inaltérable que ta pensée immobile : rien ne peut l'atté-
nuer, rien ne peut le diminuer ni l'amoindrir, rien
ne peut aliéner son radieux prestige : ainsi du cœur
immuable, cette chapelle ardente de notre âme. La
flamme du cœur est inaltérable, l'intensité du cœur
est inaliénable. Les trompeuses distractions de la
vie n'y peuvent rien. Changer de lieu est pour une
heure changer de cadre. La bordure a beau être
d'or et brillante, refléter des perles, le fond du tableau est le même. Acteur, que me fait la livrée ?
Ton vrai rôle est sombre et funèbre....

Ne dis rien, tu ne dois rien dire.

☆

Une bande sur l'affiche de ma vie : *Relâche!*
Relâche ! un soir enfin, je fais Relâche ! Oh !
qu'il me soit permis d'être gaie, oh ! qu'il me soit
permis d'être heureuse ! Moi qui passe ma vie, ou à
être reçue chez les autres, ou à recevoir tous les autres, voici que, par extraordinaire, je puis ce soir
me recevoir moi-même ! Voici que, à mon tour, je
vais pouvoir me parler et m'entendre ! J'ai tant de
choses refoulées à me dire ! Je vais pouvoir évoquer

ma pensée! Sans étiquette, sans mise en scène, sans falbalas, uniquement assistée de ma compagne : la solitude! je vais écouter le silence! Oh! cette impression de liberté est exquise! J'ôte mon collier de servitude, je détache ma chaîne quotidienne, et, bien mieux qu'aux théâtres payants, je fais défiler devant moi mille et mille personnages : c'est toi, ô ma sœur *Vérité!* c'est vous, ô mon frère *Contentement!* Je savoure ma paix imprévue, et j'essaie de me figurer que l'entr'acte inespéré sera long, que la soirée de solitude sera éternelle!

☆

A NOBODY — LE JOUR DE L'AN

C'est un jour de foire aux compliments, c'est, ô Nobody! l'époque annuelle des marivaudages mondains, accompagnés de fleurs exotiques, de bonbons luxueux, de courtoises et pompeuses étrennes! Le bon ton impose au dîneur plein de politesse le souvenir des truffes consommées, des verres de champagne, sablés aux tables où on l'invite. Je laisse aux chroniqueurs vulgaires le refrain également vulgaire des dîmes aux concierges, aux domestiques, aux hommes de peine, aux commissionnaires, aux porteurs de journaux ou de livres.

Avec toi, ô Nobody ! je fais la revue de la vraie vie réelle. Que de cadeaux sont faits par ceux qui ne manquent de rien, à ceux qui regorgent de tout ! Que de belles dames s'entredonnent des bijoux dont elles ne sauront que faire ! Que de coussins brodés pour des salons où leur abondance les a fait descendre à l'humilité de pouffs et de tabourets ! Que de bracelets pour des bras qui en sont déjà surchargés jusqu'à l'épaule ! Que de bagues pour des mains gantées qui les font pleuvoir dans des coupes rares, dans des vide-poches ciselés à cet usage !

C'est bien ce jour-là, ô Nobody ! qu'on peut dire plus que jamais que l'eau va toujours à la rivière. Mais il est des usages plus bourgeois, plus familiers et plus touchants. C'est celui des visites de famille, où toutes les *surprises*, depuis longtemps préparées, attendent et inondent de jouets les petits enfants sages, ceux-là surtout qui ont de la mémoire et qui peuvent, sans broncher, réciter leurs fables de Florian ou de La Fontaine. Quel orgueil chez les jeunes mères ! Quelle tendresse chez les grands parents ! Ceux-ci se sont également souhaité la bonne année. Vous vous en apercevez au frais bonnet rose de la grand'mère, à la belle tabatière neuve du grand-papa, à la complaisance avec laquelle il laisse

voir ses bretelles de canevas noir brodé de perles,
et il allonge l'un et l'autre pieds pour faire admi-
rer ses pantoufles de tapisserie! Si la douce amitié du *revoir* est quelque part, elle est sûrement
là, à ces tables de l'arrière-boutique ou de la mansarde, où fume quelque énorme gigot, où s'étale
quelque gigantesque dinde, bourrée de marrons
rôtis!

Je ne connais ni l'une ni l'autre de ces fêtes
joyeuses; je ne sais qu'un jour de l'an triste, un
jour de l'an seul. O Nobody! je ne suis pas du
monde : je n'aime pas le monde, et le monde ne
m'aime pas; et je n'ai plus de famille. Ce jour d'intimité ou d'invitation n'est pas le mien : *Chacun
dîne chez sa mère*. Moi, je n'ai ni mère, ni père, ni
frère, ni sœur, ni rien qui tienne à moi, comme à
une tendresse et à une joie nécessaire de la vie....

Et cependant, nous autres les seules et les seuls,
nous avons nos visites! Ce sont les souvenirs qui
se pressent en foule à la porte du cœur! Nous passons une revue de l'année : de ce qui a été ou de ce
qui aurait pu être; oh! surtout de ce qui n'a
pas été!

Les salons des grands, un jour de gala, ne sont
pas aussi pleins et aussi encombrés que le sont les
solitudes de nos pensées. Nul ne manque au cor-

tége : des morts de la tombe ou des morts de la
vie ! Oh ! cette procession inexorable ! Oh ! ce *dirge*
pour finir l'année qui meurt, pour commencer l'année qui naît !

O Nobody, je ne sais pas la douceur de l'oubli !
je n'ai jamais connu la miséricorde du sommeil !
j'ai toutes mes visites intérieures, toutes! en-
tends-tu bien? je retrouve une à une les innombrables amertumes éprouvées : indifférences, défaillances, trahisons ! C'est un glas que j'entends,
accompagnant toutes mes misères! j'égrène inter-
minablement le chapelet de mes tristesses! A peine
si, çà et là, quelque doux sourire de ma mémoire
entr'ouvre les ténèbres pour éclairer des scènes
entières de deuil.

Et tandis que les uns et les autres distribuent,
selon leurs amitiés, leurs souriants cadeaux d'é-
trennes, je me dis, moi, qui n'ai rien et à qui rien
ne sera apporté : tâchons d'acquérir la possession
de nous-même; donnons-nous enfin cette suprême
surprise de nous gagner enfin notre personne : donnons-nous nous-même à nous-même! Ne disper-
sons pas au vent du désert nos rêves et nos pensées, ne disséminons pas nos caprices, rassemblons-
nous pour le quotidien combat, retrouvons-nous
pour la victoire ! Réservons-nous pour le continuel

sacrifice !... Et tandis que les uns et les autres vont
prêter serment et hommage, jurons-nous à nous-
même serment et résolution, faisons-nous notre
serment de fidélité à nous-même, d'abdication et
de renoncement au monde et à toute, absolument
toute espérance !

☆

J'avais mis de l'ordre dans ma vie, un certain
rangement de recluse dans mes habitudes quotidiennes. Ma pensée et mon cœur ressemblaient à
une armoire de ménagère bien distribuée et bien
fermée.

Le silence me convient tout seul, et tout seul
peut me faire croire à ma chimère d'indifférence.
Tout à coup par mégarde, par oubli de moi-même,
par lassitude, par négligence, que sais-je ? voici
que j'ai laissé s'entr'ouvrir ma porte. Aussitôt l'air
de la vie, de la jeunesse, du printemps est entré
par bouffées dans ma solitude. Le parfum de toutes
les sèves a envahi mon sanctuaire, la musique de
toutes les brises a fait vibrer toutes mes tristesses,
et le bel ordre de ma vie est détruit, un coup de
vent semble avoir dispersé mon cœur ; la paix de
mon esprit est troublée, toutes les douleurs que

j'avais si bien mises en place se sont éparpillées
pour une heure. — Oh! apprentie éternelle, éco-
lière éternelle! qu'as-tu fait? Quoi! cette tranquillité
si cher payée, ne sais-tu pas qu'il ne faut même
point l'effleurer d'un coup d'aile? Les vrais morts
sont dans les vrais tombeaux; pour ne rien retrouver des choses de la vie, il faut rester à jamais en
dehors du soleil de la vie. Les neiges éternelles
n'habitent que les cimes éternelles. Imprudente,
pourquoi n'as-tu point pris garde à la harpe éolienne
de ton cœur, que le moindre souffle fait résonner et
chanter, je veux dire palpiter et souffrir!

☆

LETTRE A NOBODY

I have not loved the world, nor the world me.
(CHILDE HAROLD.)

Je reviens à toi, ô ami de ma solitude, ô ma
conscience, ô seul dépositaire de mon entière pensée! Je n'ai pas été séparée de toi par le monde;
je puis dire avec le poëte : « *I love not the world,
and the world loves not me.* » Je n'en ai pas non
plus été séparée par ce que les indifférents, en y
attachant une idée de ridicule, appellent les occu-

pations de l'esprit. Non ! les cordes de mon cœur
sont brisées ; les chants de douleur qui s'en exha-
laient autrefois avaient fini par contenir tant de
larmes, que je n'exprimais plus qu'un éternel sanglot, intolérable pour les oreilles humaines. Par
religion pour ses tristesses, mon âme a posé le
scellé sur la réalité de ses plaintes ; ne pouvant pas
sourire, ne voulant pas pleurer, elle est devenue
muette, immobile, apparemment inerte. Je l'ai
voulu. Toi seul tu ne t'y trompais pas, ô Nobody,
quand, vis-à-vis de ma conscience, des refoulements
de larmes s'en échappaient, comme un grondement d'orage sur la pleine nuit des flots.

Ce qui m'a seulement séparée de toi, ô témoin
de ma loyale franchise, ombre mystérieuse, inhérente à mon esprit comme l'ombre physique est
inhérente à nos corps, comme l'écho dans l'espace
l'est à nos vibrations de voix ; ce qui m'a séparée
de toi, dis-je, c'est un accident bien vulgaire dans
les choses passantes, changeantes, successives et
renouvelées de ce monde, c'est la maladie !... Oui,
la maladie, attaquant ma débile machine, a eu raison de l'énergie persistante de mon cerveau ; et les
douleurs morales, cachées à tous, ont fait explosion
dans ma tête et dans mon cœur, suspendant quelque temps la volonté de tout souffrir, de tout gar-

der, de tout dompter. Plus faible qu'un enfant à la
mamelle, plus misérable qu'un vieux moribond sur
le bord de sa fosse, j'ai laissé faire au mal victo-
rieux ; et, pendant que le délire trompait les autres,
l'intensité de ma violente souffrance me révélait à
moi-même la mesure de ma force brisée. J'ai eu là,
sur moi-même, des révélations infinies. Ce que je
ne soupçonnais pas chez moi, dans l'activité du courage que je m'impose, m'est apparu comme une vision de naufrage terrible, de dévastation absolue.
Alors, je le répète, j'ai laissé faire : un brouillard
cruel me dérobait les vraies figures, et une complète illumination intérieure me représentait tout
l'espace de douleur parcouru par moi depuis ma
chétive et malheureuse enfance. Le trouble extérieur a persisté longtemps, la main de Dieu s'était
appesantie sur moi comme sur un autre Job, et,
lorsqu'enfin je me suis réveillée de ce voisinage
immédiat de la mort, les forces physiques, ces alliées indispensables dans la rude bataille de la vie,
avaient disparu. Je me suis retrouvée en débris,
comme un soldat mutilé, un moment oublié parmi
les morts, se relève du tas des autres. Une sorte
d'effroi s'est emparé de ma pensée : le com-
prends-tu, ô Nobody, toi qui sais que je n'ai jamais eu peur, et que j'ai fait face à tant de fusillades

dans la mêlée du destin? Que faisais-tu, ô mon compagnon, durant ces nuits lugubres? Hélas! tu faisais comme moi, tu me laissais souffrir! tu laissais aller à la dérive ma pensée naufragée; ma volonté n'était plus là pour maintenir le gouvernail désemparé, mon pauvre *moi* allait à l'aventure, mon individualité, c'est-à-dire toi-même, ô Nobody, attendait la résurrection....

Cette résurrection est venue, Dieu n'a pas voulu encore de la créature exténuée. Apparemment je n'ai pas encore assez souffert, assez lutté, assez obtenu de victoires. Je n'ai pas encore assez affirmé ce qui constitue l'essence même de ma personnalité : la résistance, la résistance à tous les obstacles, l'action, malgré toutes les entraves : l'abeille ne doit mourir qu'après avoir exprimé tout son miel, le vent ne doit se taire qu'après s'être proclamé le maître dans sa course. Puisqu'il le faut, *voulons* encore! Plus défaillante que jamais, sans armes aucunes pour les combats nouveaux, ramassons les miettes de moi-même, agissons, c'est-à-dire vivons, puisque, hélas! il faut vivre! Condamnée à la vie, reprenons cette chaîne mille fois cadenassée de nos travaux forcés. Replaçons sur notre front l'impassibilité sereine; redonnons à nos paroles l'indifférente, l'uniforme, l'insignifiante

politesse; velours ou dentelle, rempart épais ou
transparent, rattachons de nouveau le masque sur
nos joues pâles. Toi seule, ô pensée vigilante! tu
ne te tromperas pas, tu te parleras, tu t'exhorteras ;
et, comme autrefois, comme toujours, depuis la
solitude de ton enfance jusqu'à la solitude continuée
de ta jeunesse et de ton automne, tu te confesseras
en pleine liberté (en pleine vérité) devant cette autre
solitude que je nomme la *méditation* et que tu as
appelée *Nobody :* Nobody, cet ami de ta création
idéale, cet ami sûr, cet ami sans défaillance, sans
lassitude et sans trahison que tu n'as jamais cherché, jamais, jamais, au grand jamais dans le
monde, même aux heures les plus enthousiastes et
les plus lyriques de ta confiance !

Maintenant, ce que je veux, ô Nobody, maintenant que je n'ai plus rien à espérer de la vie et
que je ne peux plus être déçue, oh! maintenant,
ce que je veux, c'est..... ne plus attendre! C'est
être tellement assurée de mon lot uniforme de
travail, de solitude et d'insuccès qu'aucune ironie
de bonheur ne me raille plus, qu'aucun mirage de
paradis ne trouble et n'égare plus mes yeux! J'en
ai fini avec la sainte folie des rêves, avec l'amère
crédulité des sentiments humains; je dois, moi
toute seule, être mon appui et ma force, je ne veux

plus, je ne peux plus attendre d'aucun côté, d'aucun esprit, d'aucun cœur, d'aucune main. Te souviens-tu, ô ma conscience! de ces douloureuses attentes d'autrefois si insensées, si misérables! Sur une rapide apparition d'un quart d'heure je bâtissais la consolation d'une quinzaine précédente, l'abnégation et le courage d'une quinzaine future : rien ne venait, rien, absolument rien. Seulement entr'ouvert par le songe, le ciel de plomb se refermait; j'étais toute seule, toute seule, avec le ridicule et le poignant supplice que moi toute seule je m'infligeais : *attendre et ne voir rien venir !* J'avais ainsi ajouté aux réelles cruautés de la terre cet incessant martyre de l'enfer. Oh! c'est fini! j'ai trop souffert, je ne veux plus attendre! Comme c'est bon, le déracinement de soi-même! Je ne l'offrirais peut-être pas comme l'idéal de la félicité aux belles, aux brillantes, aux mondaines, aux aimées! Mais aux déshéritées telles que moi, comme c'est doux, comme c'est bon, comme c'est sain et fortifiant d'être retranchée de la vie et de ne jamais, jamais, non, jamais plus rien attendre !

Tu sais, Nobody, pourquoi je suis ainsi condamnée à la vie intérieure, absolument retranchée du monde. Je ne reviendrai pas sur l'éternel malentendu qui sépare si profondément les natures selon le siècle des natures méditatives. Je ne suis point parmi les contempteurs de la société, qui se déclarent lésés parce qu'on les plaisante ou qu'on les méconnaît. Je ne me sens pas supérieure à bien des gens, je me sens *autre* qu'ils ne sont; et, sachant inutiles de part et d'autre les observations qu'on se fait, les raisons qu'on se donne, je n'en fais aucune, je n'en donne aucune, je laisse aux autres leur liberté d'action, et je n'aventure pas la responsabilité de la mienne. Délivrée ainsi du permanent conflit et de l'incessant contrôle dont s'affligent et se taquinent mutuellement les personnes du monde, je respire, je songe, je pense, je délibère à ma guise : je m'affirme devant toi, ô témoin de ma pensée, ô toi que je ne cesserai d'appeler ma conscience et ma justice!

Je ne vais dans le monde que lorsque le devoir de vivre m'y oblige; je n'y parle jamais, j'y médite toujours : de là, dans mes pages, ces galeries de figures dont je suis loin d'avoir épuisé les types. Aujourd'hui j'ai vu ainsi Laurence, encore belle, toujours distinguée, de plus en plus malheureuse. Elle ne sait pas elle-même combien son état me touche. Enveloppée de soie, constellée de bijoux, floconnée de dentelles, cette blanche figure ne repose que sur des coussins brodés d'or. Une seule

chose est absente de ce logis brillant : l'affection de
quelqu'un, l'estime de soi, le *bonheur*. C'est une
vulgaire histoire que le poëme de Laurence. Belle
et pauvre, sans famille protectrice, sans éducation
digne et forte, attirée par sa distinction native vers
les régions mondaines, elle fut brutalement, ce
qu'elles sont presque toutes, ces pauvres filles sans
religion, sans protection, sans défense,..... la chose
de quelqu'un, l'objet de luxe, de parade, de vanité,
de courses et de théâtre, la breloque..... de quelqu'un ; l'héroïne adulée, convoitée, mise à prix,.....
méprisée, que se disputent, comme un cheval de
race, l'oisiveté et la fatuité de la jeunesse dorée.
Puis..... les années, bien qu'à petits pas, sur-
venant, ô désastre ! un fil blanc se mêlant à ces
tresses si noires, la désertion se mit dans les
rangs..... La chapelle de l'idole s'éclaircit ; tout au
plus, au bout de cette période d'encens, lui est-il
resté un banquier charitable qui, en souvenir de
ses longs cheveux, lui sert l'intérêt d'une fortune
absente. Laurence, qui n'a jamais travaillé autrefois, ne saurait se mettre à l'ouvrage aujourd'hui.
Mais elle méritait d'être honnête ; la misère de sa
condition l'humilie ; et c'est avec un mépris amer
qu'elle mesure l'odieux mépris des autres.....

Je te raconterai cette suite et cette fin de nau-

frage, ô Nobody! Nous avons recommencé nos
causeries; je t'exposerai, hélas! mes *photographies*
de la vie, saisies en pleine réalité par mon esprit si
triste !

☆

L'HEURE DU MATIN

Cette heure est à moi! L'humanité encore som-
meille, les brumes de l'aurore flottent seules sous
l'immensité silencieuse du ciel; nulles brumes de
nos âmes ne s'y mêlent : brouillards de songes,
pluies de larmes. Il semble qu'on entende la pal-
pitation régulière de la terre assoupie : cette heure
est à moi! cette heure est à moi!

Cette heure est à moi! Voici que s'apprête la
toilette du jour. De grandes lignes rougeâtres
entr'ouvrent l'horizon à travers la transparence
merveilleuse des arbres; les toits des petites maisons
s'illuminent; les prés reflètent la lumière naissante;
un foyer d'incendie s'accroît sur la bordure du ciel;
c'est un embrasement magnifique. Le soleil s'avance
avec l'éclat d'un roi dans sa gloire, tous les nuages
d'or lui font cortége, le décor du matin est superbe;
le monde dort encore : cette heure est à moi ! cette
heure est à moi !

Le monde dort encore : avec ses haines, ses passions, ses convoitises, ses âpretés de biens qui
échappent, ses jalousies, ses lourds tracas, l'ardent
souci de ses chimères. J'assemble un à un tous mes
rêves, voici leur gerbe mystérieuse, tout à l'heure
la chapelle du cœur sera fermée ; rêves et chants y
doivent mourir. Mais je puis en ce moment respirer
leur parfum, je puis en ce moment écouter leur
musique : cette heure est à moi ! cette heure est à
à moi !

Le monde dort encore. Tout à l'heure il faudra
combattre, la vie est une guerre, les songeurs perdent tous les jours la bataille, les songeurs n'ont
point de flèches ! Savourons ce moment de trêve,
préparons le masque de paix, fourbissons nos
seules pauvres armes : l'acceptation sereine du présent, le divin pardon du passé, la tranquille résignation de demain. Tout à l'heure il faudra marcher, agir, donner du coude, disputer le chemin...
O radieux repos du matin, ô fortifiant silence, air
salubre non encore respiré des poitrines humaines,
gardez-moi ! gardez-moi ! retardez de quelques minutes le lever du rideau de la vie : cette heure est
à moi ! cette heure est à moi !

☆

SOUVENIR DE VOYAGE

Neuf heures du matin; soleil d'été traversé de nuages, qui tour à tour raient d'ombres et inondent de lumières la colline verte qui fait le fond du jardin; une légère brise, toute subtile, à peine sensible, effleure les grands arbres où tiennent conseil les oiseaux jaseurs. Et voici que, devant la terrasse, arrivent et se promènent de long en large de nouveau-venus à chapeaux pointus. Voici qu'une charrette traînée à bras apporte des instruments de toutes sortes, dont la forme se devine sous leur housse de toile; des tables sont dressées pour les recevoir. Les basses, les grosses caisses, les violoncelles, les flûtes, les violons, les cymbales s'organisent selon la distribution d'exécutants, eux-mêmes disposés à leurs places respectives par le chef d'orchestre de la troupe musicienne, et placés juste au-dessous du balcon princier à qui revient ce matin l'honneur de la sérénade [1]. Cette sérénade est, dit-on, donnée à une belle étrangère, venue

1. C'est le mot *aubade* qu'on devrait employer, la fête et l'heure étant matinales; mais, indifféremment, que ce soit le matin, que ce soit le soir, on ne dit ici que *sérénade*.

avec de nombreux domestiques promener un peu
de malaise et beaucoup de fantaisie dans ce creux
de vallée allemande. Les yeux se lèvent vers le balcon, objet de cet hommage ; mais quelqu'un se mon-
tre-t-il sous le *velum* léger ? La belle étrangère dai-
gne-t-elle laisser voir ses traits pâles ? Qu'est-ce dans
cette vie mobile, brillante, pompeuse, fêtée, entourée de prévenances somptueuses et charmantes,
qu'un pauvre petit air de plus de flûte ou de haut-
bois, joué faux ou en mesure par de pauvres diables
d'artistes à l'habit râpé, peu flatteurs à regarder, et
qu'on sait besoigneux et soucieux ?

Qu'est-ce donc qui peut intéresser une telle vie
fastueuse à qui les cours d'Europe ouvrent toutes
grandes leurs portes d'or, et qui, d'un geste toujours obéi, peut acheter toutes les jouissances ?

De temps en temps un grand laquais doré sur
tranches, avec de fins liserés jaunes sur l'habit vert,
descend applaudir noblement, et noblement, entre
chacune des parties de la sérénade, remet avec dignité quelques thalers aux musiciens.

Loulou, le beau chien survivant d'une sombre
bataille française, mélancolique prisonnier que j'ai
de mon autorité privée appelé *Tristan*, passe bais-
sant la tête entre les groupes. Cette musique *séré-
nadesque*, qu'il doit entendre si souvent dans cet

hôtel superbe, ne l'a-t-elle point engourdi encore, et croit-il se rappeler de nouveau les douloureux clairons de la charge sanglante où il perdit son maître, le jeune et bel officier français?

La sérénade est soi-disant donnée à la noble étrangère. En réalité, elle est donnée, qui sait? à cette pauvre fille que je vois là-bas immobile et songeuse. C'est une jeune gouvernante amenée ici par quelque grande famille. La figure n'est pas belle; mais l'habitude de la pensée, mais le souci de lourds devoirs ont tracé sur ce front fatigué de nobles lignes intelligentes, et imprimé à ce regard concentré une intensité quelquefois effrayante. La sérénade, en réalité, est, sans le savoir, donnée seulement pour elle. N'est-ce pas pour elle ces sons éclatants qui réveillent au fond du cœur comme une possibilité incessante de combat, une ardeur de lutte éternelle, la volonté — sûre de soi — de renoncement et d'héroïsme? N'est-ce pas pour elle ces notes émues qui, douloureusement mais tendrement, caressent le souvenir impérissable?

Peut-être revoit-elle en songe une toute petite chaumière bien humble, bien isolée dans la montagne, avec une vieille mère veuve, invalide, surchargée de soucis; de grands pins murmurent leurs tristesses derrière le vieux toit misérable; une

grande sœur surveille la maison, tandis qu'elle,
l'exilée, tâche de gagner au loin beaucoup d'argent
pour sa famille.

Oh! que la musique dit de choses au cœur fatigué et désolé!

Cette sérénade, je vous le dis, est jouée pour elle.
Peut-être, enfant perdue d'une grande ville, re-
trouve-t-elle au fond de sa mémoire quelque mansarde dénuée où se sont vécues ses premières
années d'enfance laborieuse. Oh! quelle vision de
solitude, peut-être, au-dessus des mille toits de la
ville insouciante! Aube rougissante du matin,
pluie attristante de l'automne, mélancoliques clairs
de lune, que de fois vous aurez surpris cette son-
gerie de l'enfant pauvre à qui la destinée a dit: Tu
travailleras, tu travailleras, tu travailleras! Et le
monde ne peut rien pour toi. Tu dois toute seule
marcher ta route! »

Oh! quels souvenirs — peut-être — de rues
étroites, sans reverbères, de maisons hautes à lampe
fumeuse, de visages rendus rigides par l'attente
inutile, par l'angoisse de toute heure!

Et puis...

(Cette dernière partie de la sérénade est une musique de bal, vive, entraînante, éblouissante.)

Et puis... tout un feuillet du cœur se rouvre:

feuillet fermé, feuillet sacré, imprégné de larmes encore toutes chaudes. Quoi? cette page elle-même, cette échappée du cœur se rouvre? Chapelle ou tombe? Rêve impossible — peut-être, vision d'impossible amour — peut être; charme entrevu, silences, chimères, mains enlacées, promenades à deux enguirlandées aux rives fleuries, inexprimables joies, fêtes indicibles? Quel est ce fantôme qui passe? Figure indifférente? oublieuse? ingrate peut-être, qui ressuscite dans ce silence? ou seulement étrangère et ignorante peut-être? yeux noirs profonds, chargés d'éclairs? yeux bleus songeurs, chargés de rêves? Blessés, eux aussi, qui sait? ou dédaigneux peut-être?

La musique va cesser, la sérénade s'achève; le rêve recommencé durera-t-il plus longtemps qu'elle?

Oh! si ceux qui l'aimaient, la pauvre fille, l'avaient pu voir ainsi?

Je vous le dis, en vérité, la sérénade soi-disant donnée à la belle étrangère, c'était pour elle toute seule, la sérénade!

☆

AUTRE SOUVENIR DE VOYAGE

C'est le 8 août 1870, un lundi, dans une campagne chartraine éloignée de trois lieues de toute commune sérieuse. Le courrier, arrivé de nuit, a apporté de la ville des rumeurs sinistres; l'armée française a subi, à Wissembourg, un grand échec : les troupes prussiennes ont envahi le territoire, elles marchent victorieuses sur Forbach et Nancy. Paris a décrété l'état de siége, l'impératrice-régente a fait au peuple une proclamation qu'on affiche, le tambour de la localité va la lire.

En effet, on entend, du bout de la grande rue, les préludes d'abord timides du tambourineur; il passe en bandoulière sur sa blouse bleue le fameux tambour des grandes circonstances. Les petites poules qui se promènent le long des portes continuent leur besogne et picorent sans distraction sur son passage; les chats, réveillés de leur dernier somme, s'asseyent calmes sur le rebord des fenêtres et regardent philosophiquement ce qui s'apprête. Mais les chiens suivent l'homme comme des personnes, ils aboient pour dire quelque chose. Et,

successivement, des maisons, des chaumières, des
cabanes, des huttes sortent les hommes, les femmes,
les enfants, les vieillards. Ceux-ci tirent déjà de leur
poche de longs mouchoirs à carreaux, et essuient
d'avance une larme de la vieille armée. Les femmes,
sous leurs cornettes, écarquillent des yeux questionneurs ; mais les enfants veulent être au premier
rang, ils bousculent tout pour parvenir auprès du
tambour. Celui-ci s'arrête, on est arrivé à la place
du village ; le marché est en face, l'église est à
droite.

Un roulement définitif et plus prolongé annonce
la harangue : toutes les respirations sont suspendues,
haletantes. L'homme important du jour prise ,
éternue, se mouche, met ses lunettes, regarde par-
dessus, se délecte de l'attention publique, etenfin.....
enfin, il va parler, enfin, il parle !

Mais tout à coup un gamin, mieux placé qu'un
autre, pousse un hurlement, c'est son camarade qui
le pince ; il riposte par un coup de pied ; la mère,
pour faire cesser le bruit, applique une gifle qui
retentit de l'autre côté du village : « *On ne peut
donc pas obtenir deux minutes de silence!* » fait
sentencieusement le tambour. Un cheval, attelé à
une charrette laissée à elle-même tandis que son
propriétaire écoute, profite de la circonstance et

détale avec accompagnement de grelots ; un âne
dans le lointain parlemente dans son langage, un
porc grogne en rentrant chez lui, la cacophonie est
complète, et la société se disperse...

Le tambour cependant remplit son mandat.
Quand tous les bruits ont cessé — c'est-à-dire quand
il n'y a plus personne — il fait d'un bout à l'autre
sa lecture. Seuls de bons vieux sont restés là, pleurant tout haut maintenant les larmes qu'ils pleu-
raient tout bas, et disant en hochant la tête : « *Dieu
est l' maît' ! Dieu est l' maît' !* »

L'homme rural a fait son devoir, il entre avec un
ami dans une cantine se rafraîchir de tant de peine,
et il repart pour recommencer un peu plus loin la
même lecture au milieu de la même attention.

☆

— L'habit ne fait pas le moine, dit-on ; je dirai,
moi : l'habit ne défait pas le moine, le vêtement
social ne défait pas l'individu primitif, l'individu
véritable. Et je prendrai texte de cette déclaration
pour faire à nos amis un discours dont ils ont singulièrement besoin, en expiation des sornettes qu'ils
ne cessent de m'infliger, dans leur douce persuasion
de ma sottise.

Une des grandes folies du monde est de ranger

12

les gens par castes, par séries, *par livrées*, si j'ose
le dire ; et, mettant une étiquette là-dessus, comme
un épicier en met sur des pots de confitures, de
leur attribuer en masse les vertus, les prétentions ou
les vices de cette caste, de cette série, de cette *livrée*, où bénévolement on les parque.

Parce que l'auteur de ces lignes prend la peine
de distinguer personne à personne, et de juger sé-
parément les individus — ayant simplement observé
que Dieu ne donne pas sordidement et exclusivement une âme d'uniforme, rien qu'une âme politique ou sociale à chaque tas de foule, mais qu'il
attribue une âme particulière à chacun, — l'auteur
de ces lignes, dis-je, passe pour une socialiste chez
les riches, pour une aristocrate chez les pauvres,
pour une utopiste ou une visionnaire à peu près
chez tous.

Quoi donc ! vous condamnez dès la naissance
l'être innocent du hasard de la vie, vous le rendez
responsable de sa famille involontaire; de ses langes;
vous faites tout de suite un drapeau ! Celui-ci, étant
né chiffonnier, ne peut être que chiffonnier, et votre
main gantée ne toucherait pas, même avec des pin-
cettes, à son âme de chiffons. Cet autre, étant né
baron, votre main de prolétaire se garderait vivement du contact de la sienne, de peur de pactiser

— selon vous — avec l'orgueil, avec le préjugé, avec la fainéantise et l'impertinence de sa race.

Il n'y a qu'une seule classe sur laquelle la moitié du monde, c'est-à-dire le genre masculin tout entier, soit unanime : c'est la classe des jolies femmes. Qu'elles soient balayeuses, qu'elles soient laitières, qu'elles soient grandes dames ou grisettes, si elles ont la joue fraîche, l'œil brillant, la taille fine, tous les hommes — avec beaucoup de mépris sans doute — en font des déesses. *Monsieur* a les plus beaux titres dans le monde, et il a épousé une charmante héritière qui fait les délices des salons. Eh bien ! si sa laveuse de vaisselle est bien tournée, malgré ses mains épaisses, sa vulgarité et son origine, il l'appellera : *mon trésor*, *mon chat*, et *mon ange !* et lui mettra une croix d'or au cou.

En dehors de cette unique exception sur l'inégalité des conditions humaines, la sottise va son train sur tout le reste. Mes amis, si j'arrive un jour ou l'autre à quelque chose dans un gouvernement, ne fût-ce que directrice d'un jardin zoologique, je décréterai un ministère de la Raison Publique, et, si vous le voulez, nous organiserons des cours.

Une première question de simple curiosité, s'il vous plaît. L'âme vient-elle au monde plus habillée que le corps ? Puisqu'un chaudronnier ne naît pas avec un chaudron sur la tête, pourquoi voulez-vous que son âme porte casserole, même avant sa première chemise ? Un vicomte naît-il gravé d'une couronne ? Pourquoi voulez-vous, dès son premier vagissement, lui enfoncer au cœur la pointe de ses armes fleurdelisées ?

Quoi donc ! les préjugés ne sont-ils pas le premier équipement d'uniforme dont on revête l'innocent qui bégaie ? Si vous êtes grand seigneur ou grande dame, vous refuserez toute distinction d'esprit et toute délicatesse de cœur au pauvre, qui sera ouvrier ou marchand. Si vous êtes ouvrier ou marchand, vous n'admettrez pas qu'un riche, — grand seigneur ou grande dame, — né dans le luxe et le velours, ait l'âme douce, le cœur compatissant et bon.

La plus gracieuse femme du monde — si le dé du sort l'a fait naître dans une famille régnante et que vous soyez de l'*opposition* — sera de votre part l'objet d'injustices invincibles. Vous lui décochérez des épithètes flétrissantes, parce que l'esprit de parti, selon votre folie d'étiquettes, la range sous une bannière maudite. L'enfant lui-même, l'enfant, cette fleur d'innocence et d'*inconscience*, n'est ménagé en aucun cas. Si la dérision ou si le malheur des destinées l'ont fait naître sur l'échelle d'une soupente ou sur les marches d'un trône, vous l'insulterez suivant l'opinion qui vous gouverne, vous l'envelopperez, lui et sa famille, dans votre dédain ou votre colère; il recevra dès le berceau tous vos soufflets.

Et vous imaginez, mes amis, être la raison même!

Celle qui vous parle (libre de ses mouvements, il est vrai), ayant toute la vie regardé avec ses yeux et non avec les lunettes des autres, ayant, sans béquilles et sans échasses, marché avec ses jambes, a vu dans sa pensée bien des choses, et, ne pouvant les dire, le torrent des lieux-communs étant déchaîné contre elle, a mis paisiblement en pratique son expérience.

Bien loin de reprocher à un noble son origine, sa naissance, cette qualité et ce hasard involontaires, l'auteur soussignée lui tient plus compte qu'à un pauvre, des sentiments simples et généreux qu'il peut témoigner, et qu'on ne lui a pas enseignés, des facultés d'intelligence et des vertus d'action qu'il met en œuvre, et qu'il pourrait si bien, les unes et les autres, laisser au vestiaire! — Quant au pauvre, chez qui l'oppression de la vie, l'angoisse du besoin, l'inquiétude des heures, toutes les misères quotidiennes d'une condition cruelle ont laissé in-

12.

tact le sentiment de justice pour les autres, de dignité pour soi, nous saluons avec enthousiasme son âme de grand seigneur, son âme de roi selon Dieu !

Où se trouvent chez une femme la bonté, la droiture, l'indulgence et l'intelligence, qu'elle porte un diadème sur la tête ou un simple madras, notre respect pour elle s'ajoute à notre tendresse. Une âme basse et commune, déguisée sous des perles ou transparente sous des loques, nous inspire la même vive répulsion, la même profonde horreur. Les instincts grossiers qui s'étalent en équipage ou se vautrent dans le ruisseau, sont d'une même lie nauséabonde.

Mais si la beauté du cœur nous captive dans une mansarde, elle ne nous captive pas moins dans un palais ; et quand une fleur idéale nous enivre dans une serre, elle ne nous rend pas injuste pour l'admirable fleur des champs, qui peut-être bien a nos préférences.

Encore une fois, mes bons amis, c'est la personne toute seule, — à quelque degré que ce soit de l'échelle des êtres, — qui nous attire, nous intéresse, nous attache et nous détermine. Tout le reste est friperie de théâtre : tunique de perles ou sarrau de toile.

Vous voyez que je commence mon cours ; ceci est ma première leçon.

Je me souviens — comme d'hier — d'une impression de mon enfance. Mes parents, rudes travailleurs, m'avaient comme eux habituée à leur dure besogne ; mais n'ayant pas le loisir des caresses et des causeries, ils laissaient la petite fille errer à sa guise. Nous habitions une de ces vieilles maisons populeuses, véritable phalanstère dont les étages n'en finissent plus, et où les locataires sont innombrables. Il y avait de toutes les catégories de monde dans cette tour de Babel du vieux Paris : ouvriers, marchands, femmes seules, domestiques, il y avait même des voleurs. Un autre pauvre enfant errait comme moi, à l'aventure, maltraité de tous, chassé comme un chien galeux, avec coups à l'appui des politesses. Il n'avait guère de ressources, pour manger, que ce que nous pouvions prélever par-ci par-là sur la pâtée des chats. Sa mère tenait, de l'autre côté de la rue, une petite boutique que je ferais mieux d'appeler une échoppe, et le bonjour maternel ne différait du bonsoir qu'en ceci : que c'était le coup de pied du matin, au lieu d'être le coup de pied du soir.

Son père, hélas ! (il ne l'avait que trop connu !) était sous clé quelque part, condamné aux galères.

C'était le plus joli petit garçon qu'on pût voir : âgé de dix ans à peu près, sa petite figure pâle, triste, d'une douceur infinie, respirait l'honneur même ; de grands yeux bleus désolés étaient ombragés de cils noirs dont je n'ai vu de pareils qu'à l'un de mes petits frères. Il adorait l'étude, on le trouvait toujours récitant sa grammaire ; — il allait bien à l'école du quartier, sa mère l'y croyait la plupart du temps ; mais ses camarades le montraient au doigt, l'appelant *galérien*, les maîtres lui faisaient mauvaise mine, personne ne voulait manger à sa table, aucun petit ami ne consentait à jouer avec lui, le malheureux s'en sauvait, s'enfuyant de tout et de tous...

Et son petit cœur, si gros de larmes, était si sensible, si doux et si généreux pour les autres ! Ne pouvant s'attacher que les bêtes, il les chérissait et les défendait, lui que tout le monde attaquait sans pitié !

En me cachant bien de mes parents plus rigides encore que les autres (leur fière probité leur en donnait le droit !) j'avais ajouté à notre famille ce pauvre petit paria si malheureux !...

J'ai ressongé bien souvent à ce qu'il peut être à présent dans la vie. L'échoppe de sa mère est démolie, ma propre famille est sous terre, la maison où nous pleurions tous deux a été détruite et re-

construite, la rue a changé de nom, les passants se
sont renouvelés comme les ruisseaux de la rue ;
quelles insultes nouvelles, quelles angoisses défini-
tives aura rencontrées dans sa vraie vie, dans sa vie
d'homme, en face d'autres hommes, le fils d'un condamné, l'abandonné et douloureux petit *** ?

Aura-t-il succombé sous le nombre ? se sera-t-il,
par malheur, vengé ? Quel nom porte-t-il sur le livre
des vivants, ou quel est son numéro d'écrou au fond
d'une cellule peut-être, ou son chiffre sur le registre
des morts ?

☆

O Nobody ! quelle profondeur d'indifférence, et
quelle imperturbable légèreté que la nôtre ! ne frô-
lons-nous pas tous les jours, tous les jours dans la
rue ne côtoyons-nous pas des voitures drapées, des
corbillards dont les festons blancs ou noirs indiquent
le sexe du corps, dont toute la longueur se mesure
dans l'étroite bière recouverte du morceau de laine !
Voilà des humains d'hier, dont la seule différence
avec aujourd'hui et la seule distinction d'avec nous
consistent dans leur immobile position horizontale,
tandis que nous autres, *les perpendiculaires*, nous
les suivons ou les regardons passer tant bien que
mal sur nos pieds ! Est-ce que cette vue inévitable

et incessante des noirs cortéges empêche l'oisif ou l'affairé d'aller à son rendez-vous, à sa sottise, à sa folie, à son négoce, à son plaisir, à son dîner, à ses mensonges, à son bateau, à son ballon, à sa voiture? Pense-t-il une minute seulement, que, lui aussi, sera emporté et promené, *pourmené* ainsi, précédé d'un cocher joufflu qui achève sa grasse tartine de pain, suivi de croque-morts qui se racontent leurs aventures? La vieille coquette en mettra-t-elle une fleur de moins dans ses fausses boucles, cette autre un faux serment de moins sur son faux cœur? Et ce cocodès qui se *dandine* en interrompra-t-il d'une bouffée la fumée impertinente de son coûteux cigare?

☆

LETTRE A NOBODY

Pourquoi les bonnes sœurs, ces pieuses filles de charité hospitalières, nommées de Bon-Secours, qui passent leurs jours et leurs nuits au chevet des autres, n'adoptent-elles pas, dans l'intérêt même de leurs malades, un costume un peu moins funèbre que le noir? Les malades, uniquement préoccupés d'eux seuls, ont besoin d'être abusés, et leurs impressions, ordinairement sinistres, doivent être

adoucies et distraites. Un uniforme gris, un peu
clair, siérait dans la plupart des cas. Ce noir, sombre livrée de la mort, semble déjà un deuil qu'on
porte, et il n'en faut pas davantage pour précipiter les derniers jours d'un moribond craintif; s'il
était possible d'être gai en face de situations désolées, il faudrait par charité s'efforcer de simuler
cette gaieté secourable. Des fleurs, de la lumière,
du sourire, des essais de chanson (si vous pouvez!)
dans la chambre d'un malade. La nature montre
l'exemple et dissimule les ruines : j'ai rarement
vu exubérance de fleurs et de gazon telle qu'au-
dessus des précipices. L'affection intelligente doit
conseiller cette bonté courageuse des derniers
jours. Ce n'est pas rudement, avec un écriteau qui
figure déjà l'enseigne de la mort, qu'il faut ouvrir
à un agonisant cette redoutable porte du trépas.
Quoi qu'en disent les fanfarons de la pensée, la
mort est effroyable : il faut jeter un voile sur elle.
Que la charité, étant déjà de la tendresse, soit le
guide infiniment doux qui atténue l'aspérité des
derniers pas. Des tapis sur ce passage terrible ! de
la lumière et des guirlandes! Les soldats qui vont
à la mitraille y vont en musique, au bruit des clairons et des fifres. Pourquoi la mort, beaucoup plus
inévitable encore dans un lit de douleur, marqué

d'un signe par l'Ange funèbre, n'est-elle pas traitée comme au champ de bataille, et est-elle mille fois aggravée, mille fois encore assombrie?...

✡

Je surprends quelquefois ma concierge en train de me considérer avec un regard de profonde pitié. Ces livres, ces journaux, ces lettres, ces papiers qui m'entourent, tout ce gâchis d'étrange espèce lui inspire un mépris qu'elle ne prend pas la peine de dissimuler. Le peuple — gens de la campagne ou gens de la ville — paysans aussi bien qu'ouvriers — n'admet de travail que le travail manuel : le travail de la pensée — pour le peuple n'existe pas. Une femme travaille quand elle coud ; un homme travaille quand il pioche. En dehors de la ménagère aux manches retroussées qui savonne et repasse, la femme du peuple n'admet aucune besogne invraisemblable.

Hélas! Et les autres? Et ceux des hautes classes? O cher travail de la pensée, labeur sublime autant qu'ingrat! Pour ceux-là, vous ne *faites rien;* pour ceux-ci, vous ne *gagnez rien :* le mépris pour vous est le même ; égalité de commisération railleuse, même mesure de froid dédain.

« *Qu'est-ce que cela vous rapporte ?* » disent en chœur et les uns et les autres.

Cela ne rapporte rien que l'amère expérience d'un isolement profond, le sentiment d'une séparation complète avec les vivants les plus chers, mais aussi, mais toujours, mais de plus en plus la passion des choses belles, hautes, sereines, désintéressées, non escomptables et négociables sur le marché de ce monde.

— J'étais bien jeune, bien enthousiaste, d'une ardeur qui n'avait d'égale que ma naïveté sans limite, quoique déjà je fusse bien songeuse; je me rappellerai toujours l'expression solennelle, d'une mélancolie indicible, que prit une fois en me parlant le vieux Béranger. C'était à l'un de ses avant-derniers domiciles sur la terre, — barrière d'Enfer, — dans une petite pension bourgeoise entre petits jardins où mon souvenir jette toujours un regard quand je passe dans le voisinage. Le doux poëte était occupé à ranger des papiers dans une armoire à livres; je ne sais quelle remarque je lui fis, mais tout d'un coup laissant vivement l'armoire ouverte, il me prit la main, se tint tout droit devant moi, plongeant dans mes yeux un regard d'une intensité de tristesse inouïe, et il me dit :

« O mon enfant ! quel avenir pour vous d'isole-

13

ment et de solitude ! Quelle profondeur, quel abîme
de chagrin dans cette effroyable capacité de pensée !
Vous ne savez pas combien votre pensée devra vivre
seule ! Je mesure pour vous la surface de désert que
présentera votre vie, et, je ne puis m'empêcher de
vous le dire, je suis épouvanté ! »

☆

Il n'est point rare que la vie humaine — je l'ai
observé chez les femmes — présente trois aspects
bien distincts. La première partie appartient à Dieu :
éducation grave et religieuse. L'innocente jeune
fille, élevée par une mère pieuse et sainte, épanouie
dans un milieu doux et sympathique, ne conçoit la
terre qu'à travers les jardins du ciel. L'exaltation
familière à la jeunesse lui fait rêver comme poésie
suprême le voile sacré des religieuses.

Le monde vient alors, comme un splendide midi
éclatant, incendier son aurore tranquille. Oh ! cette
même exaltation qui ne quitte que difficilement
la femme, l'emporte avec éblouissement dans le
tourbillon de la vie. Le mariage est la porte d'ini-
tiation derrière laquelle affluent toutes les puis-
sances du cœur : action, passion, audace.

Puis la fièvre baisse, le ciel éclatant prend des

nuages, une sorte de brume inattendue jette un rideau sévère sur les horizons enflammés. Peut-être y a-t-il eu drame dans ce milieu de la vie, peut-être y a-t-il eu douleur. Silence et paix! Du haut de vos froids empyrées, ô sages mis à la retraite par l'étude ou par l'âge, ne jetez aucune pierre sur ces fronts pâles....

C'est l'heure où la troisième et définitive partie de la vie se dessine vigoureuse. L'enfance était inconsciemment à Dieu, l'âge mûr revient avec conscience à Dieu. Ici il y a vouloir, il y a complicité et décision de l'âme. Ce troisième aspect de la vie prend quelquefois des teintes exquises. Car la piété ne signifie pas toujours, quand vient l'âge apaisé, expiation d'autrefois et lassitude. La piété est affaire de choix. L'œil qui a vu a comparé, et naturellement revient à ce qui est doux, fixe, immuable, bon et meilleur que tout. Cet aspect concluant de la vie des femmes, rattachant à la fin et au soir de la vie le commencement et l'aube de la vie elle-même, est le triomphe des natures supérieures.

Être bon, parce qu'on s'imagine et qu'on éprouve en effet que tout le monde est bon autour de soi, n'est qu'une imitation sans mérite ni vertu. Mais être bon, lorsqu'on a expérimenté certaines perversités, lâchetés ou cruautés des autres, lorsqu'on a découvert l'effrayant égoïsme de ce qui dans le monde s'appelle vos amis, oh ! il y a ici vocation divine, témoignage surnaturel de grandeur et d'humilité. Ce troisième aspect de vie intéresse singulièrement le moraliste. Ainsi le naufragé, miraculeusement échappé à la mort, n'en veut point à la mer terrible. Il se contente, quand les vents et l'orage menacent, de prier pour les matelots. Épave du monde, l'âme, entrée dans son doux port d'automne, n'en veut pas au monde d'être ce qu'il est ; mais, puisqu'il lui est donné, voyageuse arrivée, de comprendre et de dégager la lumière qui veille éternelle au fond des consciences, elle habite ce gîte immuable, cet asile inviolé du repos ; et, se souvenant des écueils et des dangers de la navigation du monde, elle tend la main à ceux qui vont périr : mieux encore, elle relève ceux qui sont tombés.

Couchant de l'âme, tranquille beauté du soir de la vie, j'ai bien des fois trouvé ta douce clarté plus sympathique encore et plus attendrissante que le merveilleux éclat de l'aube ignorante et superbe.

★

Madame***, ô Nobody, est venue tantôt. Nous parlâmes un peu des choses de l'art, et beaucoup des choses de la vie. Nous touchâmes ces éternelles

questions qui assiégent tout vrai penseur, et sur lesquelles glisse toute femme du monde, même la
plus loyale, même la plus sincère. Madame X. me dit
tranquillement : les mécomptes qui adviennent aux
femmes sont de leur faute, je ne les plains pas.
Passé trente ans, il faut fermer la porte du cœur,
il faut n'y pas souffrir la moindre issue, qui laisse
pénétrer quoi que ce soit de ces folies...

— Fort bien, pensai-je; mais l'amour n'éclôt
pas à heure fixe. Il est précoce chez celle-ci, tardif
chez celle-là. Il se peut que vous ne rencontriez
que dans la seconde jeunesse l'être fatal qui aura
sur vous la singulière puissance de vous fasciner, et
le cruel privilége de vous faire souffrir. Y a-t-il,
oui ou non, des fièvres violentes que rien au monde
ne peut conjurer ni prévoir? Ne voyez-vous pas tous
les jours des fièvres typhoïdes, des fièvres cérébra-
les, des fièvres intermittentes, etc., etc., etc.? —
L'amour, hélas! est une maladie violente qu'il n'est
pas donné à tout le monde d'éviter. Oh! les heureuses gens en bonne santé, comme ils parlent pla-
cidement des malades! Comme ils sont impitoyables dans leurs raisonnements à froid sur le mal
brûlant des autres! Oh! comme on voit bien que
nous n'avons mal qu'à nos maux!

O Nobody! faire de chaque organisation diverse

une telle uniformité d'impressions! Comme nous nageons dans le faux! comme nous sommes artificiels et prétentieux!

Ces bienheureuses femmes portées à travers la vie sur les bras de maris bien-aimés, devant un horizon de ciel bleu et une certitude de mer calme, comme elles lancent aux *autres*, à celles qui aiment et ne sont pas aimées leur fulminante profession de foi du devoir!!! Comme si le cœur, l'inaliénable cœur humain n'avait pas son ardente faim d'amour, et comme si l'on pouvait lui donner le change! C'est ainsi qu'à une veuve désolée ou à une femme abandonnée le monde jette cette consolation : *elle a des fils!* Certes, il y a là un admirable devoir à remplir, une tendresse passionnée à témoigner, aucune mère n'y manque. Mais le cœur de la femme, ce cœur illimité d'épouse et d'amie, ce cœur de passionnée confiance et de passionné dévouement, comment l'apaisez-vous? Comment l'anéantissez-vous? Si le divin amour maternel était l'unique amour éprouvé, l'absorbant amour avec lequel nul autre en même temps n'existe, la jeune fille ne ferait qu'un échange de poupées, et ne rêverait pas d'appuyer son doux cœur sur un cœur tout viril et qui l'aime!

Oh! chère, très-chère madame X, redites bien

encore contre ce mal d'irruption violente : « *On prend des précautions, on ferme la porte à certaines influences...* » Cela revient à dire qu'avec des précautions et un bon régime on n'est jamais malade. Mais, bonnes gens ! on meurt, cependant ! Mais on ne fait que cela ! Pourquoi ne s'empêche-t-on pas de mourir ?

Mon *true* Nobody, tout cela c'est de la cruelle plaisanterie. Il en est de même au théâtre, où la mode en ce moment, sous prétexte de *moralisme,* est d'exposer des situations fausses, pour faire triompher à coups de pierres sur celles-ci les heureuses situations régulières.

La pitié, la charité sont, hélas ! aussi absentes présentement du cœur que la vérité l'est de l'esprit. Il y a tant de douleurs dans les situations irrégulières que je ne comprends pas que ce ne soit pas là le premier argument, le seul, même ! en faveur des situations légitimes. Cette femme, que vous appelez déchue, et à qui vous refusez toute possibilité de réhabilitation et de pardon, ne savez-vous pas qu'elle a commencé par aimer de toute son âme, et par souffrir jusqu'au désespoir ? Ignorez-vous combien de suicides font la contre-partie parallèle de ces existences scandaleuses et perdues ? Et alors qu'elles en appelaient au ciel inexorable de leurs déceptions amères, de leurs angoisses infinies, ne les a-t-on pas avec un mépris superbe rejetées plus profondément encore dans l'abîme !

Non ! ô *just* Nobody ! je n'écrirai pas sentencieusement les lieux communs des autres. Quoique femme, je dirai ma pensée, ma pensée haute et fière. Le monde n'a pas de pitié ! Les honnêtes femmes sont brutales sans le savoir : du haut de leur considération rayonnante, elles n'ont pas d'entrailles pour les détresses et les défaites. C'est leur inintelligence, voisine de la dureté, cousine germaine de l'injustice, qui précipite dans l'irrémédiable les pauvres déclassées, les pauvres *perdues*. Celles-ci, pour échapper à leurs mépris, s'étourdissent, vont de plus en plus loin dans la boue, et tout à fait se séparent d'elles. Leurs prétendues joies sont la plus cruelle expression de désespoir moral qu'il soit possible d'imaginer sur la figure humaine.

☆

O Nobody, ils ne comprennent pas, elles ne comprennent pas, ils et elles ne sauraient comprendre ce qui se passe dans ce cœur orageux et troublé ! De ce que telle âme de femme est contente avec du millet d'oiseau, ils et elles ne s'expliquent pas qu'une autre voudrait de la manne d'Israël ! L'insipidité ou la mauvaise foi de ce monde sont désespérantes. Et c'est pourquoi je t'ai choisi, ô compagnon de ma pensée, devant qui j'ose tout souffrir et tout dire ! — Tel cœur de femme, passionnément épris de l'amour maternel, n'a plus compté au monde que ses enfants dès qu'ils ont pu la nommer *mère*, et ne s'occupe plus de son mari, relégué au vingt-sixième plan, que pour lui donner régulièrement ses tartines et son thé. Acceptent-elles, ces femmes exclusivement et jalousement *mères*, qu'il en est d'autres passionnément épouses, qui, aimant leurs enfants en mères, aiment leurs maris en femmes, leurs amis et leurs amies en amie chaleureuse et tendre !

Le cœur a plus d'une faculté aimante ; c'est ce dont ne conviendront jamais les femmes selon la chair, qui se scandalisent de trouver sur leur passage des femmes selon l'esprit, dont la pensée est pleine de confidences, dont le cœur est plein de dévouement. Rentrer son expansion, dissimuler ses vives révoltes est chose facile : ne pas mépriser un peu ce monde de préjudice et d'agressive hypocrisie est impossible. On prend, ô Nobody, à deux mains son cœur rouge, on ferme à double tour son esprit fier, et l'on fait comme nous deux : on invoque et l'on divinise la solitude !

13

☆

A NOBODY

Je disais à Mathilde, ô Nobody, oui, je lui disais :
Ce n'est pas grand' chose que tu quittes en renon-
çant à la vie mondaine, en répudiant ces prétendues flatteries d'amour.

En abdiquant ta jeunesse et te résignant à l'âge
mûr, ce que tu laisses derrière toi ne vaut pas tant
de larmes ! A présent que la perspective a dessillé
tes yeux, regarde un peu, regarde ! Ces jeunes, ces
belles, ces conquérantes, ces triomphantes, ces
reines qui sont devant toi n'ont que des couronnes
disputées ! Leurs passagères royautés n'ont que des
gouvernements d'un jour et sont, durant leur règne
même, convoitées et supplantées par d'autres. Dans
le domaine du plaisir (ce que le vulgaire appelle
l'*amour !!!*) il n'est pas donné à l'homme d'être
fixe et fidèle. Je dirai plus : sans racine religieuse,
sans principe rigoureux qui le retienne, l'homme
ne peut pas répondre de lui-même ! L'homme ne
peut pas, au moment où il parle, répondre de
l'impression qu'il peut ressentir tout à l'heure. Il
suffit qu'un joli visage apparaisse, qu'un jeune regard étincelle devant ses yeux, pour tourner à l'ins-

tant la girouette toujours disponible de son cœur !

Voilà, chère enfant, lui disais-je, voilà, ô vous, femmes ! ce que vous vous disputez sous le nom de conquêtes, vous les idoles d'une heure ou d'un jour ! Voilà ce pourquoi votre esprit s'ingénie en parures nouvelles, en médisances perfides, en sourires affectés, en boucles provocantes, soi-disant naturelles et folles.

Ce qui s'appelle l'affection ne participe pas, Dieu soit loué ! à ces vicissitudes de l'amour. Le domaine des affections supérieures n'est pas troublé par ces passages de peines ! L'honnête femme, qui s'est dévouée aux sérieuses tendresses de son devoir, n'est pas déçue. Le bonheur vient d'elle et y retourne. Un mari a bien vite oublié la beauté ou la non beauté extérieure de sa compagne, pour ne bientôt plus voir en elle que le caractère permanent de sa beauté morale. La douce associée d'un homme de bien lui est chère ; et cette place du cœur et du foyer ne lui est point disputée. Pas de rivalité dans ce champ de l'honneur. La vie marche, sereine et grave. La pieuse et digne compagne est chaque jour plus appréciée et plus chérie encore. Elle a des fils, elle a des filles ; ses enfants l'aiment et ne respirent que par son cœur. Cette atmosphère les bénit tous. Devenue matrone à cheveux blancs, elle est devenue la bienveillante sagesse, là où elle était la gaieté et le charme. Et qui niera l'attendrissante affection des vieux époux, lorsqu'ils ont ensemble traversé en s'aimant les épreuves de la vie? J'ai vu ces choses, Nobody; j'ai dit à Mathilde que j'avais vu ces consolantes choses, que je sais qu'elles existent, et que je les veux dans leur intégrité et dans leur dignité pour elle.

✠

Nous pensons et nous représentons tant de sottises qu'il me prend quelquefois fantaisie d'en dresser un catalogue pour l'édification des orgueilleux. Il est trop vrai que les plus favorisés d'entre les gens du monde souffrent parfois dans leurs enfants. Certains parents, heureux au reste, et, je le répète, parmi les plus favorisés, ne sont pas toujours aimés d'un vif amour et n'obtiennent pas, comme ils le voudraient, la perfection dans leur famille. De grosses tristesses habitent çà et là autour d'eux; çà et là de graves malentendus éclatent parmi leurs proches. Mais quoi? La famille particulière ne représente-t-elle pas, en chacun de ses petits morceaux, la grande famille humaine? Ceux et celles qui dans le monde nous font tant souffrir ne sont-ils pas, chacun de son côté, fils et

filles de quelqu'un ? Obtenir, chacun de son côté,
la perfection chez soi, serait tout simplement réaliser dans son plus large ensemble la perfection sur
la terre. Ceci et cela, malentendus particuliers,
peines privées, tristesses personnelles, réfléchit par
fragments les innombrables malentendus de la vie
publique, afflictions inhérentes à l'immense société
humaine. Si l'amour paternel ou maternel pouvait
régulièrement opérer des miracles, la terre serait
une Arcadie où ne fleuriraient que des vertus, où
ne s'épanouiraient que des grâces ; une musique
délicieuse s'élèverait d'elle-même, exprimant l'harmonieux accord de tous les êtres.

Tels et tels, renommés pour leur droiture, sont
fils de parents qui les ont bien aimés. Tels et tels
que d'obscurs ou d'éclatants forfaits amènent devant les tribunaux sont, eux aussi, fils de parents
qui les ont bien aimés. Ces personnages quelcon-
ques que vous voyez figurer dans la vie, et sur qui
vous portez distraitement un jugement sévère, ont
été petites têtes brunes ou petites têtes blondes,
amoureusement couvertes de baisers sur les genoux
passionnés de leurs mères. — Et quels que soient
les torts ou les accidents de leur vie, des parents
les ont rêvés parfaits, des parents les ont voulus
parfaits, et, n'importe le résultat obtenu, des père

et mère aiment ce cœur déréglé ou ce grand cri-
minel, de toute leur tendresse inépuisable.

Cessez donc, vous les mieux favorisés et pourtant mécontents encore, cessez donc de vous étonner, sinon de souffrir. Les parents eux-mêmes,
troncs de l'arbre humain, participent de l'humaine
misère ; et, puisqu'ils sont hommes, n'offrent pas
à tous propos dans chacun de leurs actes l'absolue
perfection des dieux. Cette vie est faite d'efforts et
ne peut réaliser que des à-peu-près. C'est une face
de notre égoïsme, une chimère de notre vanité
que de nous imaginer que nous pouvons séparé-
ment obtenir, à force d'amour, une rectification quelconque aux grandes lacunes de l'univers. L'amour
maternel ou paternel se faisant soi-même son miroir, s'imagine avec prétention refléter des merveilles et des phénomènes. Et ainsi chaque cercle
de famille contiendrait l'idéal humain. Comment
ces églises particulières, que chacun s'édifie à soi-
même, n'ont-elles point cependant figuré un grand
temple ? Hélas ! où est-il ce temple d'harmonie, ce
réceptacle de sagesse ? Soyons sincères, tout simplement soyons modestes. Reconnaissons que nous
chérissons passionnément dans nos enfants des
qualités et des défauts d'humaine espèce ; et, ne
pouvant prétendre au triomphe de nos idées, fai-

sons cependant servir à quelque chose notre indulgente résignation. Développons cette indulgence
résignée, cette indulgence de famille ; étendons
cette tolérance particulière ; soyons indulgents,
soyons doux, soyons tolérants et bienveillants pour
tous les enfants des autres, c'est-à-dire pour toute
l'humaine famille. Que chacun se comprenant, se
tolérant, se pardonnant et s'acceptant entre soi,
comprenne avec autant de mansuétude, accepte
avec autant de bienveillance les autres, tous les
autres : la famille n'est qu'un abrégé de la société.

Ne demandez pas à l'une — la famille particulière — ce que vous ne sauriez trouver dans l'autre
— la famille universelle. Mais étendez à celle-ci,
cette grande famille universelle, les bénéfices et les
attendrissements d'indulgence et d'amour prodi-
gués si infatigablement à la famille particulière.

✿

A quoi faut-il attribuer l'attitude généralement
égoïste de la jeune génération présente? Est-ce à
l'idolâtrie absolument païenne des parents pour
leurs enfants, est-ce à la trop bonne opinion de
ceux-ci pour eux-mêmes et à leur immense amour-
propre ?

Quelle que soit la cause de l'inaffection des enfants et de leur manque de respect vis-à-vis des aînés, il est évident que le sentiment de la famille laisse trop souvent à désirer parmi nous.

Élevé à l'état de fétiche, l'enfant considérant que l'on rapporte tout à lui, compte ses père et mère pour peu de chose.

En vérité, ceux-ci font simplement l'effet de larves qui, une fois l'éclosion du papillon rose, n'ont au plus tôt qu'à disparaître. L'enfant est tout ; il semble dès lors naturel que les parents se sacrifient, que dis-je ! se suppriment pour lui.

On peut se demander s'il est de stricte justice de sacrifier aussi entièrement une génération à la génération suivante. La relation des choses naturelles ne s'en trouve-t-elle pas quelque peu ébranlée ? Si les parents doivent protection, dévouement et tendresse, les enfants ne doivent-ils pas à leur tour respect, gratitude et tendresse ?

En vérité, il serait temps d'y regarder de près.

L'égoïsme filial est trop de fois la conséquence de l'amour-propre paternel, de la naïve vanité maternelle.

Les parents n'ont pas assez souci de la dignité d'êtres humains que représentent leurs enfants. Il suffit qu'un enfant soit le leur, pour qu'il soit consi-

déré par eux le plus beau de la création, le plus intelligent, le plus parfait. — Que voulez-vous que
pense autre chose de soi le petit être, habitué à cet
encens *païen* (je ne puis trop insister sur ce terme),
nourri dans le seul culte de sa personne ?

Il rapportera également tout à son individu, et en
voudra fort à la société si, dès ses premiers pas
dans le monde, les plaisirs et tous les succès ne
viennent pas danser en rond autour de sa personne.

Dans cette désaffection que nous constatons avec
tant de douleur au milieu des meilleures familles,
tout le monde a donc un peu tort ; les parents ne
tiennent pas bien leur rôle, les enfants n'entendent
rien au leur.

Il faut, pour être effectivement père ou mère,
pour être effectivement fils ou fille, se souvenir en
même temps qu'on est créatures de Dieu, et traiter
en créatures de Dieu l'être humain qui devant vous
a droit au respect de son caractère d'être humain.

S'ils ne veulent pas être ainsi supprimés, les parents doivent ne pas se supprimer eux-mêmes, et
pratiquer le devoir de mieux garder leur place.

La jeune âme humaine, plante du ciel confiée à
la terre, a besoin de tuteurs ; la flatterie idolâtre nuit
à la croissance morale. L'enfant est quelque chose ;
mais les parents aussi sont quelque chose. Investis

d'une fonction sacrée, ceux-ci ont à cultiver par l'éducation la jeune plante. — Quant aux enfants, ceux-là, investis d'un immense amour, doivent, de leurs doux rameaux, enlacer le chêne vénérable.

Qu'on s'arrête — il n'est que temps — sur la pente où l'on glisse. Revenez à vous-mêmes, parents idolâtres; vos enfants, eux-mêmes éclairés, reviendront aux pures joies du devoir filial, trop longtemps négligé, trop longtemps obscurci dans nos ténèbres réciproques.

Je n'hésite pas à le dire : une des grandes causes de notre amoindrissement moral, c'est que nous avons perdu le sentiment du respect.

Dès ses premiers pas dans la vie, l'enfant du peuple est habitué à rire de tout. Il voit sa mère rire des autres femmes, son père rire des autres hommes; il rit à son tour des camarades autrement habillés que lui ou plus pauvres. Le sentiment de dignité qui consiste à se sentir créature humaine, est absolument inconnu de la génération présente. Avant de rendre justice à une honnête mère de famille, tenant difficilement et péniblement son étroit ménage, vous entendrez sa meilleure amie critiquer sa robe écourtée, ridiculiser son bonnet ou son châle. Et la fille d'imiter la mère dans cette moquerie misérable. Vous ne tenez pas compte des

efforts inouïs, vous plaisantez les résultats modestes.

Un savant a vieilli dans l'étude, il a pâli sur les
livres, ses cheveux en sont devenus blancs, ses yeux
en sont devenus rouges ; mais il n'a eu que peu de
rapports avec son tailleur, il ignore profondément
la tournure des nouveaux habits ; sans y prendre
garde, il brosse éternellement le même chapeau
chauve ; il peut même s'oublier dans le passé jusqu'à porter encore des bouts de manches : l'enfant
du peuple ne voit que ce détail, parce que ses parents ont désappris d'honorer le mérite, et n'ont
jamais enseigné le respect autour d'eux. L'esprit de
dénigrement est à peu près le seul esprit du monde.
Comment la pensée pourrait-elle s'élever dans cette
atmosphère grossière ? Comment le cœur pourrait-
il se dégager au milieu de ces pesanteurs égoïstes ?
Comment la vie — se spiritualisant et s'ennoblis-
sant — prendrait-elle son essor, empêchée par ces
pitoyables lisières, ces vulgaires et puériles platitudes ?

Voyez la cruauté presque universelle des élèves
vis-à-vis de leurs professeurs, pauvres gens pour la
plupart, contraints par la nécessité à cette dure corvée pédagogique ! Que de fois il m'est arrivé à moi-
même, souffrante, préoccupée, absorbée de cha-

grins intimes, d'être accueillie par ces paroles :

— Mon Dieu! ma chère, pourquoi n'avez-vous pas mis de crinoline?

Ou bien :

— Mais d'où sortez-vous donc avec ce chapeau? Vous voilà coiffée comme la poupée du diable!

Quel sentiment de considération voulez-vous que me garde mon élève, naturellement présente à ces sortes de beaux discours? Quelque fait intéressant que je lui raconte, quelque définition éloquente que je lui expose d'un chef-d'œuvre, elle ne cessera de songer tout le temps de la leçon :

— Quelle absence de tournure! Quel chapeau singulier !

Oui, cela est de l'histoire quotidienne. Il nous échappe, avec notre honnête cœur trop plein, de dire franchement notre tristesse ; et, pendant cette confidence, la sympathie qui y correspond et qui y répond est celle-ci, dans l'âme de celle qui nous écoute : *Il n'est pas permis d'être fagotée ainsi! Pauvre Mme *** ! On ne porte plus que de grands volants, et elle en a des petits tout le long de sa jupe! Les nœuds de chapeaux se posent par derrière, et le sien est sur le côté; et quels gants! Ah! la malheureuse !*

★

Voici l'ère annoncée des temps nouveaux ; nous assistons à une transformation sociale d'un enfantement laborieux et cruel ; les vieilles fondations de la société s'ébranlent, le vent des idées modernes a passé comme un ouragan au-dessus des antiques demeures ; et voilà qu'une fermentation extraordinaire travaille les générations présentes ; le cher pays de France tressaille sous ce tremblement de terre des idées ; le vieux passé s'écroule. Le peuple, force neuve, impatiente, impétueuse et audacieuse, veut tirer le gâteau des rois ; le voilà qui éclate à la lumière. Il dit : « Je suis le nombre, je suis le flot vainqueur, je veux vivre, respirer, marcher, agir, parler et m'affirmer en plein soleil ; gouverné jusqu'ici, je veux gouverner à mon tour. »

Et le précédent vainqueur, le bourgeois dont l'acte de naissance n'a pas encore un siècle, le bourgeois effaré se trouble, se débat ; il n'accepte pas le conflit ; il s'emporte, il se cabre, il a peur.

Bien des choses sont à considérer dans ce cataclysme contemporain. Les réformateurs engagés dans cette guerre sociale commencent, comme les démolisseurs de maisons, par tout jeter par terre. Il est vraiment singulier que, sous le prétexte de reconstruire, on débute toujours par détruire.

Oui, l'on démolit; sauf à reprendre plus tard — ramassés dans le sang — la plus grande partie des matériaux sacrifiés. Car l'homme ne se peut changer : non plus la forme de son esprit que la forme déterminée de son corps. Certains besoins de son intelligence sont aussi impérieux que les lois physiques de la nature visible; ce n'est qu'accidentellement et par maladie que l'esprit de l'homme tend en bas. L'âme de l'homme, divinement immatérielle, tend invinciblement vers l'idéal et les hauteurs.

Ce qui se dessine le plus clairement, au milieu de l'antagonisme actuel, c'est le rude conflit manifeste, engagé entre le spiritualisme et le matérialisme. Les sociétés nouvelles rêvent l'émancipation des classes laborieuses par la possession brutale des jouissances positives. C'est ici — nous ne saurions y trop insister — qu'est le véritable foyer de la question. Avant qu'un homme arrive au gouvernement des autres, il doit parvenir au gouvernement de soi. Appelez les masses à l'émancipation, oui; à l'éducation, oui; au gouvernement, oui : à l'émancipation d'elles-mêmes, à l'éducation d'elles-mêmes, au gouvernement d'elles-mêmes. Que la

lumière commence par se faire sur les véritables
intérêts de la classe laborieuse. Il faut dégager la
conscience. Or, que voyons-nous? Des aspirations
immédiates aux jouissances matérielles. Faut-il
dire et redire que le bonheur n'est pas dans la seule
possession des biens et des richesses ? Celui qui
possède est autrement malheureux, mais presque
aussi malheureux que celui qui n'a rien. Certes, il
est important de réaliser le plus promptement possible, par des améliorations successives, un peu
plus d'équilibre entre les classes ; oui, il faut que
la misère soit ici moins grande, que le luxe soit ici
moins débordant ; oui, il faut, pour les déshérités de
la fortune, obtenir la sécurité, c'est-à-dire la paix
du gain suffisant, la tranquillité d'une épargne assurée contre le chômage, la maladie ou le terrible
entr'acte de la mort.

Mais, cette sécurité obtenue, cette paix garantie,
cette tranquillité d'épargne réalisée contre toutes les
éventualités anxieuses, il faut, avant d'aller plus loin,
bien insister sur ceci : que les hommes ne sont pas
heureux par ce qu'ils se donnent, mais par ce qu'ils
se refusent. Se suffire à soi-même est la première
condition de la vraie tranquillité intérieure. Or, res-
treindre ses goûts, limiter ses besoins, rester en-
deçà de son modeste gain, représente la triom-

phante comptabilité de la vie. Un modeste employé
à dix-huit cents francs d'appointements, et qui
trouve le moyen de ne dépenser que dix-sept cents
francs, est cent fois plus riche que le rentier, lequel,
possesseur d'un revenu de vingt mille livres, n'a
pu trouver le problème de vivre à moins de trente
mille francs.

On est riche, je le répète, bien plus de ce qu'on
se retranche, que de ce qu'on s'accorde. La paix !
la paix ! Quelle plénitude de joie ! quel ingrédient
savoureux dans la vie !

Ce grand seigneur, favorisé de cent mille livres de
rentes, mais dont le train de maison représente
deux cent mille francs, est assailli d'abominables
misères. Les créanciers ont le droit de sonner à la
porte ; ces ennemis du dehors pérorent avec les
domestiques, ces ennemis du dedans. La maison,
magnifique d'apparence, est toute rongée par cette
plaie fourmillante et vivante. Le malheureux n'obtient de répit qu'en s'enferrant chaque jour davantage. Le seul moyen imaginé jusqu'ici de ne pas
payer ses dettes, est de les augmenter. Je ne puis
payer tel fournisseur ; il me menace. Faisons-lui
une nouvelle commande : il doublera son prix,
soit ; il demandera des intérêts, soit : mais le grand
souci de le payer est ajourné...

Quelle vie de trouble sous ces dorures, ces lumières, à travers ces salons de glaces, derrière ces tentures de soie! Que de pas agités sur ces tapis moelleux, que de perplexités étouffées derrière ces portières, que de rêves horribles rêvés sous ces lambrequins roses!

L'ouvrier qui travaille, absorbé dans sa tâche ou rêvant à son repas du soir, ne peut se douter de l'immense misère attachée à certaines oisivetés de ce monde. La plus grande misère morale consiste à avoir besoin des autres. Combien j'en ai vu de ces pauvres êtres affolés d'oisiveté, désespérés d'ennui! Aucun besoin d'agir ne les ayant reliés à aucune tâche, aucun devoir ne les ayant rattachés à aucune obligation positive, ils ont laissé en friche leur intelligence inutile, ou ne l'ont adaptée qu'à de faciles et puériles exercices d'imitation ou de mode dans la bonne compagnie. Quel vide! quelle absence d'intérêt! quelle inanité d'existence!... Alors, ne s'étant pas fait de soi-même un compagnon de valeur par l'étude, le travail, l'application raisonnée de son intelligence, on appelle à son secours pour combler l'effroyable insignifiance des journées, les autres... tout aussi incapables de s'intéresser à quoi que ce soit, tout pareils dans la nullité de la pensée et de l'emploi du temps.

11

Et, dans cette société de l'ennui réciproque, on s'habille, on se met du blanc, on se met du rouge, on se met du noir. Le gilet en cœur fait vis-à-vis à la robe en pointe ; et l'on va au bois, aux courses, au théâtre les jours consacrés de toilette et de cérémonie. Et l'on se déchiquète, et l'on se critique, et l'on se ridiculise et l'on se mordille mutuellement, tant qu'on peut : c'est le seul sel à tant d'ennui, le seul condiment à tant d'insipidité, tant d'intolérable insignifiance ! manger son prochain, tant qu'on peut !

Oh ! qu'une honnête journée commencée tôt, avec la tonique complicité du bon air matinal, du radieux et joyeux soleil souriant sur les vitres, la vivifiante et fortifiante prière rapide, la douche d'eau froide sur les joues fraîches et les yeux vifs, la gaieté de l'activité alerte, oh ! qu'une saine journée bien commencée, bien continuée et bien remplie vaut mieux pour le cœur, pour l'intelligence, et assure bien mieux la double santé morale et physique ! Quelle incomparable saveur pour la conscience humaine que d'avoir fait acte de soi-même, d'avoir agi, d'avoir voulu, d'avoir travaillé, d'avoir fait alertement son devoir ! O mes amis ! cette richesse de la conscience ! cette santé joyeuse du cœur et de l'esprit, cette inexprimable tranquillité de l'âme, vous pouvez vous la donner ! Et c'est la vraie fortune que vous aurez là, une fortune inaccessible à la cupidité, et rendue deux fois douce par l'indépendance de la vie et par la liberté !

☆

Toujours la grande affaire du vieux problème social, toujours ces formidables questions de la misère, quelque pas qu'on fasse, en quelque lieu qu'on marche.

J'attendais l'omnibus de Saint-Laurent, c'était au faubourg Saint-Honoré, devant Saint-Philippe du Roule. Il pleuvait à torrent, mon parapluie ne m'abritait guère : j'entrai sous une porte. Trois ou quatre personnes s'y trouvaient. Un individu était là, déguenillé, avec une blouse maculée et sordide, d'un aspect à décourager les plus difficiles : figure d'*égout*, qui fait penser aux œuvres souterraines de voirie parisienne, qui rentre dans l'ombre — sa besogne accomplie — et qui m'amène toujours à dire en temps d'émeutes où ces figures-là reparaissent : *Où avait-on serré, où resserre-t-on les émeutiers ?*

Il y a certainement des visages qu'on ne rencontre qu'en temps de trouble. L'individu dont je parle avait un pauvre lambeau de chapeau rond —

malpropre, — il brandissait un gourdin, et l'on sentait la pluie traversant à vif ses épaules. Une grosse femme de la Halle attendait comme nous tous.

— Où allez-vous? dit-elle à cet homme.

— Je ne vais nulle part, je ne rentre pas chez moi, je n'ai pas de chez moi.

— Mais, pour vous changer?

— Vous êtes bien heureuse, vous, si vous pouvez vous changer! je serais, moi, bien embarrassé pour le faire. On m'a donné ces souliers-là ce matin; sans quoi la pluie m'entrerait en dessous, comme elle me tombe en dessus...

(Ses malheureux pieds sortaient d'une paire de loques, sortes d'espadrilles dépareillées.)

Le concierge de cette maison où nous nous abritions vint jusqu'au ruisseau avec un plat contenant des rognures de jambon, des pelures de saucisses, des débris de galantine truffée au milieu d'épluchures de salade confite, et il jeta le tout. L'homme en blouse dévorait des yeux les restes qu'on jetait ainsi, et qu'il aurait si volontiers mangés. Son regard devenait terrible...

D'autres, ainsi que moi, ai-je dit, étaient là sous cette porte; les gens bien habillés s'écartaient de cet homme, et tiraient un flacon de leur poche. Aucun geste ne lui échappait, rien n'était perdu pour lui de toute cette répulsion et de tout ce mépris...

Je ne bougeai pas. Intérieurement je pensais : Ceci un jour devient de la révolte, coups de fusil, assassinats. Quels cœurs de justes et de saints convertiront tout ce mépris en charité, et guériront la haine affreuse de cet affreux regard du pauvre?

☆

En ce temps-là Dieu le Fils dit à Dieu le Père :

— Mon Père, que sont devenus les hommes, ces créatures de la terre à qui vous m'avez envoyé prêcher l'amour, la charité, le dévouement, le désintéressement sublime?

Un grand silence se fit dans les cieux; des clameurs terribles s'élevaient de la terre.

— Mon Père, mon Père, que sont devenus les hommes, ces créatures terrestres? Mon Père, j'ai été homme, votre volonté m'a envoyé dans ce tourbillon de misères! Mon Père, je suis mort avec délices pour la rédemption de la terre! Mon Père! mon Père! que sont devenus mes compagnons de la terre!

Le silence se prolongeait dans les cieux; le bruit s'élevait de plus en plus sinistre des bas-fonds où gît, où pleure, où lutte et se démène l'humanité lugubre.

— Mon Père! mon Père! j'ai plaint ces compagnons d'un jour. Mon Père! mon Père! j'ai pardonné à mes bourreaux d'une heure. Mon Père! mon Père! que sont devenus les hommes? Que sont devenus les fils déshérités d'Adam?

Le canon rouge vibrait dans l'air; les fusils rouges crépitaient dans l'espace; les mitrailleuses rouges crachaient en gerbes de sang des projectiles funèbres.

— Mon Père! mon Père! que se passe-t-il sur la terre? Mon Père! mon Père! j'aimais les hommes, les enfants!

Un concert effroyable s'épandait sous les nuages :

Malheur aux doux, malheur aux bons, malheur aux miséricordieux, malheur aux cœurs affligés de clémence, disait dans le gouffre une voix pleine de larmes. La Mort est la grande souveraine, la Mort est la grande-prêtresse de ce monde! Le dieu des batailles est le dieu qu'on adore. Du sang! du sang! il faut du sang! Qui donc ose parler de pitié? Thor, le dieu du tonnerre; Arminius, le dieu des combats, soufflent ensemble la trompette héroïque. Saturne dévore ses enfants; Rachel, la biblique Rachel, inconsolable parce que ses fils ne sont plus, Rachel est injuriée sur la terre. Saül en a tué mille,

David en a tué dix mille : Hourrah! les morts ne vont pas assez vite encore!

Le ciel est pourpre, la nuit a des lueurs sanglantes; le vent souffle en foudre des *De Profundis* lamentables. Après les pavés rouges de la rue les poteaux rouges de la justice. Les impassibles — ces heureux de la vie — en demandent plus encore; la foule hébétée bat des mains.

— Mon Père! mon Père! que sont devenus les hommes, tes enfants? Mon Père! mon Père! pourquoi les as-tu donc abandonnés?

A PROPOS DE LIVRES

A PROPOS DE LIVRES

———

L'étude de la vie vous apprend à connaître ce qui a été souffert avant vous, et l'étude des livres vous enseigne ce qui a été pensé et ce qui a été écrit sur les souffrances et les expériences communes à tous. Cette double observation simultanée doit conduire un esprit sensé à ce résultat inévitable : la justice.

L'anarchie des actions humaines provient sans exception de cette absence d'équité et de proportion vis-à-vis de soi, de cette comparaison désintéressée et de cette mesure vis-à-vis des autres, qui doivent marcher de pair avec la probité, la sincérité et la lucidité *nécessaires* de la conscience de l'homme.

☆

Il n'y a dans ce monde qu'une chose supérieure

et vraiment enviable, désirable, un bien qu'il faut
poursuivre et tâcher d'atteindre absolument : la
possession de sa pensée, la liberté, la dignité de son
intelligence.

☆

Opérations de l'art d'écrire — Vous pensez, c'est
la semence première; puis vient l'incessante ger-
mination ensuite. Vous écrivez, c'est la récolte,
nécessitant la houe qui retourne la glèbe, puis la
distribution, le rejet ou le choix des plants ob-
tenus : *truffes* ou *pommes de terre*. C'est aussi,
hélas! la cuisine, c'est-à-dire l'épluchage et l'as-
saisonnement : la mesure!

Oisifs méticuleux, qui lisez distraitement nos
articles tout prêts, vous doutez-vous de ces laborieuses préparations premières?

☆

La pensée ne peut vouloir de cadre trop déterminé. Comme l'horizon de la mer, il lui faut l'infini
dans l'illimitée perspective de l'observation humaine. Nos pensées n'admettent donc que le cadre
humain, sans aucune des frontières politiques,
géographiques, topographiques et sociales, qui sé-

parent si misérablement, et si misérablement divisent le point de vue de la moralité publique. C'est en contemplation de l'éternité, du haut du promontoire du *vrai*, dans l'absolu désintéressement des circonstances arbitraires de ce monde qu'il faut juger de la route à suivre, qu'il faut, à la manœuvre du grand navire humain, indiquer l'étoile conductrice : c'est là, c'est à ce sommet sans nuages qu'il faut planter le phare, de là qu'il faut diriger à plein courant de l'âme les voiles hésitantes de la raison moderne.

☆

Il est des esprits de pénétration et d'observation qui semblent, voyageurs du ciel, envoyés dans la vie, comme certains ingénieurs, chargés de tracer des plans et relever des routes, sont envoyés dans les villes et dans les campagnes.

Les premiers, inspecteurs-généraux des con- sciences et mandataires de Dieu, ont, eux aussi, à déblayer les voies, reconnaître les chemins, organi- ser les routes. Ceux-là viennent en mission sur la terre; et, quand leur tâche est faite, ils s'en re- tournent à Celui qui les a délégués, laissant derrière eux un sillon de lumière.

☆

On apprend toujours, on apprend malgré soi, on apprend quand même, fût-ce dans le monde le plus superficiel ou le plus faux. L'âme humaine n'est jamais si bien gardée que quelque chose ne s'en échappe, en quelque lieu, en quelque circonstance, en quelque conversation que ce soit. Un observateur véritable opère partout sa récolte; il ne fait guère un pas n'importe où, sans enrichir son approvisionnement de vérité, sans grossir son *herbier* d'expérience, sa réserve accumulée de science de la vie.

☆

Pour obtenir une certaine équité dans l'esprit, il faut avoir vu beaucoup de gens, et avoir assisté à beaucoup de choses; j'ai vu beaucoup de gens, et j'essaie de pratiquer beaucoup de choses.

☆

Mêlez-vous moins à la vie, vous pourrez obtenir une œuvre plus artistique, plus irréprochable et plus belle; mais vous ferez une œuvre moins humaine, à coup sûr vous ne peindrez pas vos semblables, vous n'entraînerez pas les âmes.

Les auteurs de notre époque et peut-être les auteurs de tous les temps ont le tort de se séquestrer
dans la question d'école, de faire passionnément ou
agressivement de la littérature, d'être uniquement
et par-dessus tout des hommes de lettres.

Avant tout, cependant, par-dessus tout, au-dessus de tout, se dresse selon nous la question philosophique et la question humaine ; nous ne ferons,
nous, aucune étude qui n'atteste notre préoccupation constante de la vie humaine dans quelque
figure que nous retracions.

A travers une grande destinée de génie c'est la
philosophie de la vie qui importe, c'est la morale de
l'individu qui se dégage. Nous nous séparons absolument des vues particulières aux écrivains ré-
gnants ; et notre pensée se voue, pour ne s'en point
départir, aux idées générales qui constituent la valeur individuelle de chacun, et qui dominent la
perspective de l'histoire.

★

La nature humaine a tellement dans l'homme de
puissantes et résistantes attaches que la religion
elle-même, cette grande force régulatrice, est im-
puissante à les engourdir complétement et à les dé-

truire. De là l'immédiat succès de tout ce qui a
vraiment, dans un livre, le son de la vie humaine.
J'en puis parler plus que personne peut-être, de
l'humble coin où j'observe et je pense. Certaines aspirations refoulées persistent, malgré la volonté résignée des plus fermes, et vibrent au souffle du génie
qui passe. Au cœur n'est jamais éteint le feu des
vives tendresses comprimées, et toutes les cordes de
l'âme frémissent au vol des visions qui l'effleurent.
La vérité est d'une impression souveraine. Il semble
qu'un penseur, magicien tout-puissant, ouvre
dans son livre la conscience des autres, et qu'il lui
suffise de dire : Vous voilà ! regardez !

Ses caractères sont un miroir limpide, et ses plus
beaux effets d'éloquence sont tirés de vivants mo-
dèles qui se retrouvent dans ses peintures.

☆

Celui que vous appelez *créateur* en art ou en pensée est précisément celui qui invente le moins, mais
celui qui voit de plus près, le plus expressément et
exactement les choses existantes, et qui les représente telles qu'elles sont, accentuées seulement de
sa personnalité judicieuse et sagace.

☆

« Hélas ! » dit une femme qui a beaucoup pensé
sur toutes choses, « le grand art en fait de littérature et même en fait de conversation est d'apprendre, puis d'oublier assez pour être non point
original par ignorance, mais librement et de parti-
pris *soi* et rien que *soi*. La personnalité exprimée
est l'art véritable, quelle que soit la forme que l'art
puisse revêtir. »

(Marquise de BLOCQUEVILLE.)

☆

Eh bien ! oui ! nous les penseurs, nous parlons à
tous : car, quel que soit l'habit qui recouvre la personne humaine, la personne humaine a quelquefois
mal à l'âme ; et c'est nous seulement, nous qui,
dans le silence des réflexions *inévitables*, parlons à
l'âme son propre langage.

Depuis longtemps nous avons fait justice de ce
lieu commun insensé : que, selon la distinction des
rangs, il y avait grande différence entre les personnes.

Les conditions de la vie du corps sont les mêmes
pour tous. Les conditions de la vie de l'âme sont
les mêmes pour tous. (La seule chose à noter, c'est

qu'il y a autant de variété dans la manifestation des
âmes qu'il y en a dans la manifestation des corps;
et réciproquement.) L'individu humain a été cons-
truit par le grand architecte, Dieu! sur un plan
général et uniforme. Nous qui ne nous arrêtons pas
aux costumes et aux apparences, nous osons dire la
vérité et, osant la dire, nous osons aussi l'écrire.

✩

Ne vous bourrez pas de trop de lectures; votre
pensée propre ne pourrait plus passer. Comment
pouvez-vous pénétrer dans un appartement ou
comment pouvez-vous en sortir, comment pouvez-
vous même y respirer, si vous barrez la porte et
bouchez les fenêtres?

Trop de lectures nuisent, encombrent et déconcertent : quand l'esprit vaut par lui-même et qu'il
observe directement les faits et gestes de la vie, il
faut qu'il écrive de même directement, qu'il s'exprime haut et net, sans les bésicles, les échasses ou
les béquilles des autres.

✩

Ils sont insensés avec leur éternel reproche littéraire de *plagiat!*

Est-ce que la vie ne se copie pas partout elle-
même?

Est-ce qu'on ne se copie pas, chacun et tous, en aimant, en pleurant, en souffrant, en mourant, en recommençant les mêmes successives étapes du temps jusqu'à l'éternité?

☆

Lucien a dit hier un mot profond. On parlait d'une publication nouvelle.

— Par qui ce recueil est-il rédigé? demandait-on.

— Par les écrivains du moment, par les romanciers *à la mode*, répondit-il.

— A la mode! oui, à la mode! tout le secret est là. Tels écrivains, d'ailleurs très-grands esprits, ne sont pas à la mode. Les passants ne demandent pas leurs ouvrages. Aussi, les marchands ne mettent-ils à leurs étalages ni leurs noms, ni leurs livres.

Il y a ainsi — dans les magasins — de très-belles étoffes peu ou point demandées. C'est comme si elles n'existaient pas, tandis que la vogue appartient à de jolies nouveautés chatoyantes, apparentes et légères, qu'une saison voit fleurir, courues, désirées et achetées par tout le monde. Les autres, les vieilles — d'ancien modèle — fermes et fortes, un peu sévères, achèvent de moisir dans les cartons

d'où le soleil appelé *fantaisie* ne les exhumera
pas.

☆

Eh quoi ! du nouveau ! encore du nouveau ! c'est
toujours du nouveau que vous demandez ! Comme
si les sentiments, les vices, les passions ou les folies
que nous allons vous servir dans nos livres ou sur
la scène ne dataient pas éternellement d'Adam !
Comme si la figure humaine n'était pas toujours
cette face ou stupide ou sublime qui consiste en
yeux, front, bouche, nez, oreilles !

Ce que vous appellerez du nouveau sera une re-
dite cent fois, mille fois répétée, sachez-le bien :
puisque ce sera toujours avec la même étoffe que
nous procéderons, ce sera toujours la même marchandise que nous vous présenterons.

Mais voulez-vous savoir ce que vous voulez, ô
demandeurs insatiables de *nouveau?* C'est qu'on
vous représente sans fin, c'est qu'on vous mette à
découvert comme sur un plat, oui, sur un plat, ce
que vous avez dans le cœur et dans l'âme. La création tout entière recommence en chaque homme :
les mêmes merveilles inexpliquées, les mêmes éton-
nements, les mêmes stupéfactions profondes se re-
produisent en chaque individu : vous voulez que

nous, les chercheurs, les penseurs, les questionneurs
éternels de l'âme humaine, nous vous disions à
notre façon ce que vous êtes, et ce que vous savez
que vous êtes. Il vous plaît de voir jouer sans fin
votre même farce ou comédie, votre pantomime de
rire ou vos sombres éclats de peine. Vous nous demandez à nous — identiques à ce que vous êtes —
notre manière d'envisager la vie ; et quand vous avez
l'air, ô spectateurs ou lecteurs en apparence béné-
voles, de nous demander du *nouveau*, c'est au contraire du plus simple, du plus connu, du plus vrai,
du plus exact, du plus senti, du plus littéral, du
plus ressemblant à vous-même que vous voulez : il
vous faut le plus de vérité immédiate possible. Ceux
qui cherchent l'originalité doivent savoir, doivent
uniquement et passionnément entendre : *que c'est
la sincérité la plus fidèle, la plus absolue* que veulent les lecteurs, à travers l'attentive personnalité
de l'écrivain.

☆

Puisque ce qu'il y a de plus beau et de plus émou-
vant en toute littérature et en tout langage est immuablement ce qui se rapproche le plus de la vraie
vie humaine, je n'irai pas remuer les amoncelle-
ments du passé ; je considérerai directement la

vraie vie humaine, et avec le modèle vivant, souffrant, agissant, désirant, délirant, s'efforçant à
toutes choses, je dirai toute chaude et toute vive la
vérité humaine.

☆

Je vois directement les étoiles, je vois directement
le soleil, je vois directement les nuages ou bru-
meux ou brillants. C'est mon oreille tout directement qui perçoit le bruit divin des vents et des
marées ; ainsi tout directement, sans imitation d'aucun maître, ma voix chantera les louanges de Celui
qui fit le soleil, le ciel et les étoiles, le jour superbe,
la nuit magique, et qui déchaîne ou retient les
vents mystérieux, les flots impérieux des mers.

☆

Le monde observé par le monde, le monde jugé
entre soi par le monde, le monde déclaré par lui-
même banal et superficiel, tel est le spectacle que
me donnent certaines conversations mondaines, tel
est l'intérêt que me présentent certains livres, écrits
par des gens du monde. — Rien n'est indifférent
pour qui regarde autour de soi, pour qui réfléchit et
qui pense. — Quant à moi, ma curiosité est vive-

ment éveillée par les différents points de vue où peut être considéré le sérieux problème de la vie.

Je dis : le sérieux problème de la vie ; toute créature humaine, douée de conscience et d'intelligence, songe à son heure, interroge au-dedans de soi les mystères qui l'environnent. La vie humaine, interprétée selon ses différents milieux, à travers ses différents prismes, produit des appréciations d'une haute importance pour le philosophe et le moraliste. Le paysage est autrement vu, de la plaine ou de la montagne : le cygne majestueux du lac paisible voit un autre ciel que l'oiseau des mers, dont la voix a des cris d'orage, dont l'aile a le frémissement des houles mugissantes. Le pauvre, sur son grabat de paille, voit passer d'autres visions dans son rêve que le riche, allongé sur sa soyeuse ottomane, ou emporté dans sa voiture légère. Comment les heureux peuvent-ils juger des malheureux, comment les puissants peuvent-ils juger des faibles, comment les justes et les saints peuvent-ils juger des pécheurs et des coupables ? Telles sont les questions que soulève en moi tout livre écrit par la plume élégante d'un lettré du monde. L'intérêt que j'y trouve est encore bien plus vif, si cette plume délicate est une plume féminine. Comment, me dis-je, va être ici envisagée la destinée ? Qu'est-ce que,

au bruit des causeries de salon, à travers l'uniformité des sourires et la fiction des politesses, qu'est-
ce que peut penser cette gracieuse femme, entourée
d'hommages, enveloppée d'une atmosphère heureuse? Sous cet étroit corsage un cœur se permet-
il de battre ? Y a-t-il dans ce brillant regard une
possibilité éventuelle de tristesse? Peut-il, dans ces
yeux pleins de flamme, y avoir place quelquefois
pour des larmes?

Il semble qu'en général l'examen de la vie soit
abandonné à ceux qui, pour ainsi dire, n'en font
pas partie, et peuvent impunément se permettre
toutes les audaces. La femme du monde est sur un
théâtre où se surveillent et s'incriminent ses moindres gestes. Le comble de l'éducation pour elle
consiste dans une immobilité de convenances qui
suppose l'impassibilité acquise, sinon naturelle.
Que peut oser écrire, qu'a pu oser penser, qu'a pu
deviner chez les autres une heureuse femme du
monde? Quoi donc, Madame, d'où vous viennent
ces expressions étrangement profondes? Ces accents
de feu, où vous a-t-il été permis de les surprendre,
d'en être atteinte peut-être, et d'en donner avec une
brûlure la sensation aux autres? Madame, ces
mots vibrants ne sont pas de votre coquet vocabu-
laire, ils décèlent une âme douloureuse sur qui a

passé le souffle des passions puissantes. Y pensez-
vous, madame ? Ce langage n'est plus un langage
de convention, il y a des éclairs sous votre plume.

Quel portrait peut tracer une femme du monde
des figures qui l'environnent ? Cette superficie
qu'on lui donne en échange de ses mignardises ne
lui suffit-elle pas ? A-t-elle donc voulu percer le
masque des autres, et, un instant, détacher le
sien ?

C'est ici que j'applique encore ce mot profond du
penseur Lamartine, qu'on ne trouvait que poëte,
comme si la poésie n'était pas l'expression par excellence, l'expression la plus concentrée de la pensée humaine : « *le spectacle est dans le spectateur.* »

Eh bien ! dans ces spectateurs du monde, comment apparaît le spectacle ? Je goûte fort ces recherches quand je les rencontre, et le résultat de
mes lectures féminines m'amène presque toujours
à redire : les costumes seuls sont différents, les
âmes sont pareilles. Plume de fer ou plume d'or, la
main qui écrit est mue par un esprit ou par un
cœur; les émotions humaines sont communes à
toutes et à tous. Et je m'explique ainsi le succès,
même dans le monde, de certains livres courageux
qui font l'anatomie du cœur humain. La main gantée qui en tourne les pages dit spontanément :

c'est vrai ! à certains passages délibérés, souvent les plus impitoyables, souvent les plus amers.

Et nous autres, les plumes de pauvres, les plumes d'oie ou les plumes de paon, nous nous écrions, frappés et stupéfaits à la lecture inattendue de certains livres révélateurs de la pensée des gens du monde : Ceux-là aussi ont souffert, ou : Ceux-là ont sûrement regardé souffrir ! Ils ont soulevé l'épais manteau des apparences. Ceux-là ont regardé droit au cœur ; ils ont vu derrière le satin immaculé des étoffes la couleur du sang répandu, ils ont eu à panser des blessures, à se taire et à y songer.

Un seul mot pour terminer cette pensée, mais un mot personnel. Mes confrères en lettres cherchent, à travers les livres, le style, la littérature, le procédé ; artistes, ils analysent le métier d'écrire et prêchent d'exemple. Moi, j'ouvre peu les livres ; mais, à travers les livres comme à travers la vie, je cherche les âmes. Chez un peintre de la plume, ce sont moins les portraits qu'il trace qui m'occupent et m'intéressent, c'est le portraitiste lui-même que je veux saisir ; c'est son propre portrait que je trouve et dessine. Aussi, les physionomies que çà et là décrivent mes pages sont-elles de vraies figures, prises sur le fait ; mes récits sont de vraies histoires. Une femme charmante, un de nos plus

purs types patriciens, disait à ce propos : « En
étant vraie, en reproduisant la réalité, vous êtes
bien plus variée que les romanciers. La vie abonde
en imprévu, en surprises, voire même en invrai-
semblances. »

En effet, l'imagination, quelque fertile qu'elle
soit, est bien moins illimitée d'invention que l'idylle
ou que le drame de la vie humaine. En vérité, mes
amis, regardez et voyez. Dans mon ignorance, c'est
ce que, tout docilement, je fais. Dieu, le grand
peintre, est le maître de mes tableaux.

Jusqu'à ce jour, soit préjugé, soit continuation
et imitation de dédain paresseux, tout un monde
restait fermé ou à peu près ignoré : le monde du
cœur des femmes. La littérature dramatique s'en
tient aux grossiers adultères ; la littérature psycho-
logique glisse à côté, ou retombe communément
dans la physiologie. C'est trop de barbarie ou trop
d'indifférence. La porte de ce monde intime inex-
ploré s'entre-bâille, et s'ouvrira toute : découvertes
intellectuelles et spiritualistes, cette Amérique est
bonne à prendre.

☆

Il est bien rare, lorsqu'un marchand obséquieux
vient à vous, qu'on estime à son prix et qu'on

prenne sa marchandise. Au contraire, avez-vous
besoin de cette marchandise, vous allez de votre
pied alerte chez le marchand, et vous payez le prix
qu'il demande.

Tant qu'on ne viendra pas la chercher au magasin, je n'irai pas proposer au dehors ma fière amitié
inutile; quant à ma vieille marchandise — vers ou
prose — je n'irai pas, mon pauvre rouleau manus-
crit sous le bras, me faire contester de tous les
journaux, me faire refuser de tous les libraires.

☆

Tant que l'on doit soi-même sur soi-même faire
sa réclame et son prospectus; tant que l'on doit
soi-même pour soi-même offrir sa marchandise
non recommandée, non désirée, non recherchée,
non demandée, oh! l'affaire est mauvaise! Ne me
parlez pas de succès, tant que vous devez vous-
même apprendre aux autres — qui l'ignorent et ne
tiennent aucunement à le savoir — ce que vous
êtes, ce que vous faites, ce que vous pensez, écrivez, imprimez. Ne me parlez pas de réputation,
quand vous devez, de porte en porte — comme un
marchand de rubans, un carton sous le bras —
proposer çà et là votre ouvrage; quand on ne vient

pas avec empressement, et de plusieurs points, le
solliciter et le réclamer où vous êtes.

☆

Il y a des choses qu'il faut toujours laisser dire
aux autres, sous peine de frapper des coups inutiles
ou, qui pis est, ridicules. Quel auteur maladroit
irait parler lui-même de sa réputation légitime ? Il
faut que cette réputation bien gagnée, ayant fait
son chemin dans le monde, ayant forcé, pour ainsi
dire, les portes les plus récalcitrantes, sinon les plus
indifférentes, revienne comme une rumeur lointaine, rapporter au point de départ le flot de la re-
nommée et du succès.

Une belle maxime, frappée à l'effigie d'une âme,
pièce d'or de la pensée humaine, doit, elle aussi,
faire son tour du monde avant de rapporter à
l'humble source l'éclatante monnaie du consen-
tement des autres.

☆

*Dans un vase d'or, je leur offrirai le breuvage
des forts.* Mon esprit fera grande toilette pour parler aux indigents de la pensée. Pour les autres, il
faut valoir quelque chose. Pour que le don de l'esprit, l'hommage de la conscience, l'effusion du sen-

timent et du cœur soient et paraissent un présent
valable, il faut, dans un écrin superbe, présenter
ces perles de l'âme.

☆

Nous perdons trop de vue, nous autres les séparés de tous, qu'il faut absolument nous justifier
d'être ce que nous sommes ; qu'il faut, bêchant,
sarclant, fumant comme nous le faisons le champ
de la pensée, donner nos plantes, nos fleurs, nos
fruits, prouver triomphalement les fécondités et les
richesses de nos solitudes.

☆

Les circonstances préliminaires qui ont entravé,
opprimé, mutilé, dénaturé et découragé une œuvre
sont néant pour le public, qui ne s'inquiète et ne se
soucie aucunement de ces circonstances particulières, et qui exige de vous une perfection égale à
la *prétention* qu'il vous suppose, et à la liberté
d'esprit qui vous manque. Il faut donc bien considérer que le *résultat tout seul* signifie quelque
chose, et non les difficultés circonvenantes. Il faut,
en quelque cas que ce soit, dès que vous apparaissez
à la barre de l'opinion publique, livrer à ce ministère public qu'on appelle *l'opinion*, une œuvre aussi

pondérée, aussi délibérément élaborée et équilibrée, une œuvre aussi complète, aussi harmonieuse,
aussi irréprochable, aussi sereine de pensée et aussi
lumineuse que si, dans le calme heureux de toutes
vos aises, dans l'exercice tranquille de toutes vos
facultés, vous viviez et vous vous développiez en
plénitude de paix dans les mythologiques Champs-
Élysées de l'imagination et de la rêverie.

✩

Songez donc que vos explications les plus lumineuses, les plus péremptoires d'obligations ou de
tâches personnelles auxquelles ils sont étrangers
n'attendrissent et n'intéressent aucun de ceux à qui
vous les infligez. Vous n'occupez qu'une oreille
distraite, profondément indifférente, vous n'obte-
nez qu'un *oui* ou un *par exemple!* de complaisance, accompagné d'un sourire de fatigue, d'un
immanquable bâillement d'ennui.

✩

... Et vous vous imaginez bonnement que vous
allez produire parmi vos rivaux un tel effet que le
monde littéraire va s'arrêter net pour vous écouter !
que les autres qui jouent de la trompette, du tam-

bour, de la cymbale, qui tapent sur la grosse caisse
à tour de bras vont s'interrompre pour.... applaudir votre pauvre petit fifre, votre timide musette,
votre imperceptible filet de haut-bois!...

☆

Pourquoi me troubler d'avance des critiques qui
me seront faites?

Les uns ne manqueront pas de s'extasier devant
ce que j'aurai de pire, les autres de me dénigrer
devant ce que j'aurai de meilleur.

Alors, à quoi bon? pourquoi se tourmenter?
Puisque, à tort et à travers, tout arrive de ce que
l'on veut ou de ce que l'on redoute, laissons faire,
mon Dieu! laissons faire!

☆

L'insuccès présent d'un auteur n'a souvent
d'autre raison que son succès passé : le monde
aime à revenir sur soi contre ses propres engoue-
ments, fugitives impressions d'une heure!

☆

Le succès n'a rien à voir, absolument rien avec
le mérite : je m'occupe de celui-ci, indépendam-
ment de celui-là; et si le premier arrive, il me sur-

prend comme la chose du monde la moins prévue,
la plus accidentelle et surtout la plus indépendante
de l'autre. Je consulte peu mes amis, parce que,
selon la girouette de l'opinion publique, ils m'at-
taquent sur les points où, précédemment, ils me
défendaient. Je ne crois guère aux éloges; mais les
mauvais compliments ont le fatal pouvoir d'être
crus par moi sur parole et de me jeter immédiatement par terre. Or, j'ai besoin de marcher, ma lutte
avec la vie n'est pas finie.

Le bon accueil d'une pièce dépend, mes enfants,
du hasard, du pur hasard, selon que monsieur mon
critique se sera levé du pied droit ou bien du pied
gauche, qu'il aura bien ou mal dormi, que la dame
de ses pensées aura été exigeante ou gracieuse, selon encore que mes personnages lui arriveront
avant ou après déjeuner. Que de différences de
points de vue, ô Thémis! que de chances contradictoires à courir! ne pouvant saisir à sa juste limite,
— si subtile! — l'à-propos si important d'un
drame ou d'une comédie, j'abandonne le tout à la
grâce de Dieu, sachant bien que la raison de mon
insuccès aujourd'hui était la raison de mon succès
hier, et que je ne puis, dans mon ciel littéraire, conjurer, hélas! les intempéries, les bourrasques, les
lunes et les giboulées!

✧

Çà et là des amitiés tièdes, indifférentes, de
temps à autre échauffées — un moment — par
quelque chose qui leur est absolument étranger : un
écho de notoriété, un éclair accidentel de fortune ;
voilà le succès.

Est-ce que je valais moins avant le succès ? Est-ce
que je vaux mieux depuis le succès ? Hélas ! je valais peut-être mieux auparavant ; car j'avais d'ardentes occasions de combat, je n'existais dans ma
propre pensée qu'à l'aide de constants efforts sans
cesse attisés. Mais je ne vaux assurément pas
mieux depuis ce rayon de soleil. Le succès entraîne
quelquefois une vanité inconsciente, — un sentiment toujours ridicule, à coup sûr maladroit, —
de crédulité et de suffisance.

✧

Il y a plus de lie en toute chose, et plus de vase
épaisse qu'il n'y a de claire liqueur. Pareil à une
grande marée, le succès met à nu vis-à-vis d'un
maître de ce monde les innombrables vanités, les
innombrables prétentions et les platitudes plus
innombrables encore d'adulateurs que tout à
l'heure recouvrait profondément le flot de l'obscu-

rité silencieuse ; et du grand au petit, du monarque
des empires au poëte, ce monarque des nuages ! Il
n'y a pas de condition dans la vie qui n'offre des
écœurements en ce genre ; il n'y a pas de minuscule
succès qui ne découvre d'écœurantes tristesses. Ils
sont bien médiocres, bien inférieurs à leurs flatteurs
eux-mêmes, ceux-là qui se laissent prendre aux im-
provisations de volte-face de ces chanteurs de gloire !

✻

Lorsque nos chers bons amis du monde nous
voyant en succès nous ont bien raillés, bien jalou-
sés, bien persécutés, bien calomniés, ils se tirent
d'affaire avec nous — quand nous n'en sommes
pas morts — en se parant tout à coup de notre réputation, se targuant de notre mérite, faisant vanité de notre connaissance, s'attelant à notre célé-
brité — tout-à-l'heure si violemment attaquée par
eux, vraie cible de leurs sarcasmes. Ils oublient gé-
néreusement ces misères ; et, n'ayant pu empêcher
notre toute petite élévation, ils essaient de nous détruire autrement : en édifiant un trône à notre crédulité, à notre présomption, à notre sottise.

✻

Le génie, qui vient de Dieu, et l'instruction, qui

vient des hommes, sont choses tellement distinctes
que l'une (avec son intuition merveilleuse, sa divi-
nation instantanée) nous représente la lumière souveraine du jour; et l'autre (avec ses laborieuses recherches), les innombrables petites lanternes du
soir qui n'éclairent qu'obscurément les passants de
la rue.

☆

Quand vous refusez à telle ou telle classe, à telle
ou telle série d'individus les facultés que vous
croyez, dans votre esprit de parti — socialiste ou
aristocratique — le seul apanage de certaines circonstances privilégiées, de certaines conditions particulières de position et de fortune, vous ne faites
pas attention à ceci : c'est qu'il y a des lois abso-
lues et des nécessités sans réplique pour l'esprit
comme pour le corps, des besoins d'expansion ou
de réflexion indiscutables, quelles que soient les
conditions et les personnes. Les lois qui régissent
celui-ci régissent celui-là. Ainsi que la nature matérielle, la nature spirituelle de chacun a ses droits
et ses exigences. L'esprit a faim et soif comme le
corps; les mêmes phénomènes physiques et mo-
raux nous gouvernent, chacun et tous; les mêmes
influences, indépendantes de notre choix, disposent

de notre volonté. Vous ne pouvez à aucun être vivant dénier son esprit et son cœur sans mettre en doute son existence elle-même, son existence évidente, indéniable : les bras que vous lui voyez et qui agissent, sa voix que vous entendez et qui vous parle, ses yeux pleins de lumière qui vous regardent; ses membres, agents palpables de son principe de vie et qui font de son individu une créature humaine.

☆

Voyez les marchands! voyez les belles étoffes Les uns vendraient-ils, les autres seraient-elles vendues, si les premiers ne tenaient pas boutique ouverte, si ces belles marchandises n'étaient pas savamment mises à l'étalage?

Et comment voulez-vous que l'on découvre vos trésors, si vous ne les sortez pas des profondeurs trois fois scellées de votre silence? Il faut de toute nécessité que votre pensée belle, parée, ajustée, déployée s'offre au grand jour du marché des idées, apparaisse sur la grande place de l'opinion publique : je dis, cette pensée belle et parée valant quelque chose devant Dieu, et pouvant quelque chose devant le monde.

☆

De même que les pauvres n'aiment pas que vous
alliez mal habillé chez eux, — fût-ce en tournée de
charité, — le peuple déteste, croyez-le, que vous
lui parliez avec négligence et de façon vulgaire.
Cette affectation de condescendance dans l'un et
dans l'autre cas est particulièrement odieuse à ceux
que vous voulez servir. Faites toilette pour visiter
les pauvres; et que votre esprit revête toute sa politesse pour parler à la foule.

Certains journalistes se méprennent étrangement en abaissant selon leur public le ton de leur
style et de leur langage. Nulle injure n'équivaut à
la soi-disant flatterie de descendre ainsi au prétendu niveau de son auditoire. Celui-ci est autrement touché quand, le supposant capable d'ap-
précier ses vrais intérêts, vous l'élevez avec respect
pour vous-même et pour lui à la délicatesse de votre pensée et à la pureté de votre expression. Nul
n'est content d'être traité en inférieur; et nous ne
cessons de répéter, d'après nos observations chaque jour renouvelées, que la seule bonne politique
en ce monde est la dignité pour soi-même, la dignité pour les autres, avec une urbanité de respect
imposant à ceux-là mêmes qui s'en écarteraient

le plus, le devoir et l'honneur d'imiter votre exemple, de distribuer ou de recevoir la vérité, courtoisement, de bonne grâce, dans l'attitude de politesse qui convient aux esprits qui ont, les uns autorité pour parler, les autres intelligence et attention pour écouter et pour comprendre.

☆

Ayons l'esprit de première classe, ayons le cœur de première classe ; et, s'il se peut, ayons toute forme, toute manière, toute amitié, tout ornement de la vie de première classe. La vie est courte? Eh ! que nous importe ! N'allât-on qu'à Enghien ou Versailles, ne voyons-nous pas nos amis prendre des billets de première classe? Prenons, nous aussi, des billets de premières ; que le trajet mortel soit long ou court, la station finale proche ou lointaine, entourons-nous de choses exquises. Soyons nous-mêmes de première classe.

☆

Les choses importantes que de grands écrivains nous ont dites ont pu également et ont dû être dites à d'autres. Seulement, nous les avons entendues et recueillies, nous les avons méditées et comprises selon la valeur de notre propre pensée, ou l'expé-

rience de notre observation personnelle, selon notre connaissance approfondie du maître ; et quand
vient l'heure d'en parler, c'est son esprit lui-même
qui nous éclaire, qui prend — pour ainsi dire —
notre plume et revit dans nos expressions ; et nous
sommes sincères selon la vérité originale, non selon nos impressions particulières ou intéressées.

☆

Le beau n'est pas affaire de raisonnement ni de
persuasion : le beau est affaire d'autorité. Le beau
se recommande soi-même, et rien que lui ne le recommande. Nul n'échappe à l'impression du beau,
nul ne peut s'y soustraire. Je le répète : le beau est
d'autorité souveraine ; c'est une puissance qui envahit tout l'être, et le transporte dans les régions
sublimes.

Tel devant la foule passive, imitative, inerte,
moutonnière, — quelle que soit l'apparente résistance de celle-ci, son apparente hostilité — l'orateur
inspiré ne compte que des sujets soumis. Il soulève la masse subjuguée, l'enlève où il lui plaît,
et fait d'elle à l'heure de la destinée ce que Dieu lui
ordonne d'en faire.

☆

Il y a des styles si bien peignés, si bien ratissés, tellement corrects, qu'ils font penser à un jardin anglais et ont toutes les monotonies des trop belles choses artificielles. Je préfère les forêts naturelles, exubérantes, inattendues et vigoureuses, fussent-elles parfois inextricables, eussent-elles un air primitif et barbare.

☆

Le talent est une faculté relative de souffrir; le génie est la faculté incomparable, la faculté absolue de souffrir. Tel qui, de commune valeur, désire et envie une supériorité plus haute, ne sait pas ce qu'il désire et ce qu'il envie. Il désire que rien ne lui échappe et ne lui soit épargné de ce qui offense, blesse, déçoit, écrase et tue l'esprit, de ce qui frappe, torture, opprime et brise le cœur. Il désire qu'aucun détail d'observation cruelle ne passe pour lui inaperçu, qu'aucune meurtrissure de souffrance et de peine n'ait pitié de la plaie profondément ouverte par la vie, de la plaie toujours cuisante et saignante de sa pauvre grande âme humaine !

16

☆

Un homme de génie est tout entier en lui-même :
il n'a ni prédécesseur ni successeur. Je ne puis
tolérer ces stériles recherches d'école qui veulent
attribuer à un esprit uniquement personnel et spon-
tané la connaissance, l'héritage et l'assimilation du
passé. De là vient la plénitude d'inspiration de certains ignorants qui n'ont rien à faire avec les livres,
qui ne doivent rien à aucun enseignement d'aucune
chaire, et que Dieu a fait naître avec toute leur
science et toute leur fortune dans leur cœur.

☆

Passant par-dessus sa génération, la pensée d'un
homme de génie traverse de grandes zones de ténèbres, et plane longtemps sur un profond silence :
ainsi, laissant de grands espaces dans l'ombre, le
soleil brille au loin et frappe à de grandes distances
des maisons à peu près invisibles. La flèche de la
vérité frappe au but; les contemporains y échappent, la postérité la reçoit.

☆

Je m'explique pourquoi nous aimons tant les
caractères, nous, gens de pensée et de silence. Dans

le monde, les uns ressemblent aux autres, celui-ci est pareil à celui-là, chacun est semblable à tous. Une personnalité est chose distincte, originale, ne ressemble qu'à elle-même, et tranche par sa couleur unique sur l'effacement et la banalité des médiocrités de la vie.

☆

Cette âme de poëte est une lyre vibrante à toutes les brises de la vie : de là cette poésie toute vive, toute impétueuse et naturelle. Compose-t-on avec le vent qui passe, avec l'éclair qui déchire le nuage, le soleil qui dore les couchants superbes, l'imposante solennité des nuits? Le cœur se colore sous l'orage, l'impression instantanée s'impose, et le chant jaillit tout d'un trait, clair ou sombre!

☆

Oh! quel malentendu que la vie! Cet esprit est en noces avec l'infini, et vous l'invitez à venir bateler parmi vos baraques foraines. Il a pour rhythme intérieur la lyre magnifique des étoiles, et vous le conviez à vos airs saugrenus de trompette et de mirliton.

Pourquoi voulez-vous qu'il préfère vos musiques, pourquoi voulez-vous qu'il partage vos banquets, ô

compagnons de peu qui, amants de la terre, man-
gez de la boue et buvez du brouillard?

☆

Il faut pourtant bien s'entendre, une fois pour
toutes, sur l'extraordinaire inintelligence des choses
du monde. Je veux prendre pour texte aujourd'hui
ce mot d'*exaltation* si bénévolement appliqué à
ceux qui, en dehors de la routine voulue, regardent, observent, pensent et jugent.

Quoi! parce que cet esprit pénétrant considérera
de tout près gens et choses, ne se trompera point,
jugera très-exactement et très-étroitement ses contemporains, sera d'une lucidité et d'une précision ex-
trêmes, vous appellerez cette faculté de clairvoyance,
dans ce que vous nommez la famille, être fantasque
et exalté?

Quoi donc! cet esprit de sens commun que rien
ne trouble et rien n'étonne, cet esprit de raison est
un exalté?

En vérité, si l'on n'était pas un être humain soi-
même, on n'en croirait pas ses yeux, on n'en croirait pas surtout ses oreilles!

Jusqu'à présent, l'*exaltation* signifiait, pour moi,
voir autre chose que ce qui est, voir plus grand ou
plus gros, *exaltare*...

Je vois bien que j'en dois rabattre, puisque ce mot d'exagération est appliqué précisément aux esprits justes.

Ceux qui parlent, en général ne pensent guère; et la simple grammaire, la rudimentaire analyse grammaticale ou logique ne les arrête point.

Tout simplement je dois conclure, et je conclus tout simplement qu'on appelle exalté tout esprit qui pense pour son compte, ou plutôt qui ne pense pas comme les autres; que dis-je? tout esprit qui pense : car ces *autres*, qui font le tribunal mondain, ne pensent guère, j'imagine.

Le sens commun est la chose la moins commune de ce monde; j'en fais l'expérience tous les jours, moi qui croyais en avoir fini avec l'expérience quotidienne.

Jusqu'ici, j'avais attaché une autre signification au mot *exalté*. Je croyais que l'exaltation signifiait l'élévation de soi-même et l'amour des choses belles : choses du Ciel ou de la terre, splendeur de Dieu, splendeur des âmes; et, jusqu'à un certain point, je comprenais l'ironie ou la mauvaise foi du vulgaire.

A présent, mon entendement a dû s'ouvrir sur tous les points; et j'ai découvert que, pour ses contemporains, un bon esprit, duquel ils n'ont aucunement la mesure, et qui n'a point encore le mérite d'être mort, ne pouvait pas être jugé sensément dans cette absence de lointain et de perspective, non plus que dans une rue étroite ne peuvent être appréciées et mesurées les proportions hautaines d'une cathédrale.

Consentez à être appelés *exaltés*, ô bons esprits, mes contemporains méconnus ! La lumière aussi doit être appelée exaltée; et aussi le soleil, et la lune, ces splendeurs, et aussi, cela va sans dire, la magnificence des étoiles, et le grand vent d'orage, et les chênes merveilleux des bois ! — Je ne crois pas que toutes ces choses, grandes et hautes, trouvent paix et grâce vis-à-vis des amants heureux de l'or, des festins, des colifichets, des plumes et pompons, des hochets brillants de la vie !

☆

Il n'y a d'imitation possible en littérature que l'imitation des défauts d'autrui. L'inspiration, le mouvement, la flamme, s'improvisent et ne s'imitent pas. Les vraies beautés du style sont spontanées, individuelles, inattendues, non un effet de rhétorique et de volonté, et ne conviennent qu'au génie qui les a conçues. Tel, un habit ne convient point à toutes les tournures. A chacun sa mesure, à chacun son habit. Le copiste d'un maître en est le plus souvent la caricature. Les règles — d'observation rigoureuse pour les écoliers — n'existent que pour les simples mortels de la plume et du livre. Un esprit de haute lice saute la barrière ; mais lui seul peut la franchir ; et si ses disciples tentent la même aventure, les maladroits tombent infailliblement par terre.

De là procèdent les fâcheux malentendus qui ridiculisent trop souvent une prose honnête, et dépareillent des vers très-distingués.

Prendre à froid une expression enflammée et l'ajuster — coûte que coûte — ainsi qu'une mosaïque, au milieu d'une période laborieuse, produit l'effet le plus incohérent du monde. Certains esprits ne vont qu'à pied : qu'ils se gardent des équipages ! Toute individualité — par cela même qu'elle est sincère — est respectable et de valeur. Il y a des degrés pour le plaisir des yeux, et des nuances pour l'harmonie des sons. Suivons notre chemin selon les moyens que nous a départis la nature. Fourbissons, affilons, aiguisons nos propres armes, mais n'empruntons pas aux autres leur épée de combat. Taillons comme il nous convient nos plumes, et ce

que nous pouvons être soyons-le aisément et simplement.

Mon verre n'est pas grand, mais je bois dans mon verre.

☆

De même que, allant en visite et vous y étant
préparé par tout ce que vous aviez l'intention de
dire, vous dites tout autres choses que celles arran-
gées d'avance, ainsi arrive-t-il qu'une œuvre déconcerte l'auteur lui-même par la façon — différente du premier projet — dont elle s'impose à son
esprit et à sa plume, différente, dis-je, de toutes
les notes préméditées, de toutes les distinctions et
combinaisons de plan qu'il avait concertées dans
sa pensée.

☆

Nous donnons à des indifférents hérissés de
grammaire nos vers enflammés, nos vers embrasés
du feu de notre âme. Qu'y peuvent-ils comprendre,
sinon y trouver des exagérations ridicules, y signaler des irrégularités de syntaxe, y dénoncer des
erreurs ou des licences de style, enfin nous coiffer
de l'antique bonnet d'âne?

☆

La partie physique l'emporte tellement chez les romanciers modernes, dans la description qu'ils font d'une femme, qu'on perd de vue le sujet, et qu'on s'imagine qu'il s'agit d'une bête. Ils dépeignent si complaisamment la nuque par ci, l'épaule par là, les ailes de narines d'un côté, les arcs de sourcils de l'autre, et surtout (ce qui fait mon bonheur) la transparence et l'effilement des petits ongles roses terminant des doigts en fuseau, les petits cris effarouchés s'échappant d'une petite bouche étroite, l'ondulement d'une taille pliante, etc., etc., etc., qu'en vérité je pense à une chatte, à une gazelle, à un serpent, à une guêpe, à un oiseau, mais que je ne peux pas le moins du monde penser à une femme.

J'ajouterai à cette impression immanquable, qu'en général je sors d'une lecture de ce genre avec la conviction (tellement l'auteur a hâte de déshonorer son héroïne) qu'en littérature légère le Beau est l'ennemi du Bien.

☆

« A l'heure du jugement, que répondra l'auteur

17

qui ne se sera armé d'une plume que pour prêcher
l'insurrection du cœur et l'oubli du devoir ? »

(Marquise de Blocqueville.)

☆

Dans ta main tu prendras les Ames,
O poëte, ô magicien !
Et les éclairant à tes flammes,
Tu leur dévoileras le Bien !
De l'auguste et noble sagesse
Faisant flotter le fier drapeau,
Tu leur enseigneras l'ivresse
Et les enchantements du Beau !

ÉTUDES ET FIGURES

ÉTUDES ET FIGURES

———

Ce ne sont pas des Grecs, ce ne sont pas des Romains, ce ne sont pas des figures mortes — oubliées ou célèbres — que j'irai exhumer et produire pour l'étude humaine que je me propose. Je n'irai pas pratiquer des fouilles dans ce qu'on appelle le puits de la science. Je ne ferai point parade d'histoire et d'archéologie. Non! non! non! et pour cause. Je peindrai, s'il se peut, dans ma vie de passage, les êtres de passage que je rencontrerai. Je dirai leurs peines, leurs fautes, leurs joies, leurs beautés, leur vaillance ou leur défaillance : tout ce qui est réel et vivant, tout cela seul qui m'intéresse apparaîtra dans mes esquisses.

Mes doctes confrères recherchent, dans leurs ou-

vrages, les différents styles, les différentes littéra-
tures : l'érudition est leur domaine. Moi, simple,
je cherche et recherche les âmes ; mes portraits
sont de vrais portraits, mes récits sont de vraies
histoires.

☆

L'INSTITUTRICE

Pour peu que vous sortiez pédestrement, vous
l'aurez rencontrée : vous connaissez le genre ! Nous
parlons ici, non de la maîtresse de pension, bien et
dûment établie, avec enseigne et patente, non de la
gouvernante à demeure, attachée à une famille et
plus ou moins duègne ou domestique, mais de
l'institutrice libre, la *donneuse de leçons*, si vous
permettez, celle qui court le cachet, *qui va-t-en
ville.*

Il y a deux catégories dans ces *professeuses* no-
mades, deux types bien distincts : la musicienne,
que j'appellerai volontiers la dame, l'élégante, la
mondaine ; la maîtresse de français, qui, dans l'espèce, est l'ouvrière. C'est de celle-ci que nous nous
occupons.

Levée de bonne heure, elle s'habille à la hâte,
fait chauffer avec de l'esprit-de-vin n'importe quoi

d'étrange qui doit passer pour un déjeuner, et, quelque temps qu'il fasse, emporte ses *caoutchouc* et son parapluie. La journée est longue, et le temps est — comme la mer et comme bien d'autres choses encore — infidèle et mobile; le temps peut changer !

Ses *caoutchouc !* Connaît-on rien d'affreux comme ce complément obligé des chaussures d'hiver ! Je sais des femmes élégantes qui ne se résigneraient pas à gagner pareillement leur vie dans l'horreur de *caoutchouc* aux pieds !

N'oublions pas l'inévitable sac ! La maîtresse de français n'est jamais visible sans un sac plein de choses : grammaire, arithmétique, cahiers d'élèves ; un livre : roman ou vers ; quelquefois une tablette de chocolat ; puis, une paire de gants pour ce midi, quand le monde remplira les rues. Le sac est tellement indispensable dans ces fonctions, qu'on le prépare le soir, comme les ménagères préparent le panier des enfants. D'habitude, quand la route est longue et directe, la maîtresse de français prend un omnibus ; c'est là qu'elle se dispose pour ses élèves. Elle s'installe le moins mal qu'elle peut, rédige des notes, revoit un cahier. Si, par bonheur, ces précautions sont prises, elle se délecte pour elle-même dans la lecture d'une ou deux pages lit

téraires : roman du jour ou poésie, selon son imagination et ses goûts. On peut aller, venir, passer
devant elle, marcher sur ses pieds dans ce tortueux
véhicule qui suit si peu la ligne droite ; elle est enfoncée dans son volume, un voile marron rabattu
sur les yeux, et ne s'aperçoit de rien autour d'elle.
Lorsque, trop pressée de partir, elle n'a pu, le matin, déjeuner, c'est là qu'elle grignote le célèbre
croissant fabriqué certainement chez les boulangers
à l'intention des maîtresses en retard.

Enfin, elle arrive quelque part : elle essuie con-
sciencieusement ses pieds prolétaires, monte l'escalier, dit poliment bonjour aux domestiques qui
lui font un signe de protection, et débite aux enfants la leçon préparée. Celles-ci, petites filles ou
grandes demoiselles, l'ont généralement en horreur, et esquivent par toutes sortes de ruses le travail obligé ; elles ont mal à la tête, mal à la gorge,
doivent aller à la messe, etc., etc. Les petites font
des bonshommes sous prétexte de pages d'écriture,
ou bien écrivent sur leurs cahiers : *Mademoiselle,
vous m'ennuyez.* Les grandes songent à leurs belles
robes ou aux chapeaux de leurs amies, et, si une
glace se trouve en face d'elles, se lissent complaisamment les cheveux, et étirent leurs manchettes.
La mère, sur ces entrefaites, fait son entrée. Indo-

lemment enveloppée d'une robe de chambre cachemire et soie, elle fait observer à la maîtresse qu'il
est plus tard que de coutume, qu'elle n'a pas été
exacte ce matin, ou bien le bonjour est accompagné
de ces mots :

« Mademoiselle, ma fille ne fait pas de progrès ;
je vous prie de veiller à son orthographe ; les leçons
ne sont pas assez sérieuses. »

La maîtresse de français baisse la tête, rougit
jusqu'aux oreilles, et promet de bien faire travailler
l'enfant. « Elle est si intelligente, reprend la grande
dame ; ce ne sera pas de sa faute si elle n'avance
pas. »

Si, par un hasard involontaire, la *professeuse* est
positivement en retard, l'omnibus ayant accroché,
elle se croit sauvée parce que *madame* est encore
couchée. Point. On la fait appeler. Soucieuse de
ses filles, *madame* avait regardé l'heure ; l'institutrice la trouve au lit, sur un oreiller de dentelle,
avec un bonnet de malines et des valenciennes aux
poignets, moelleusement enfoncée sous sa couver-
ture de satin rose, et ces paroles la saluent dès la
porte :

« Je trouve, mademoiselle, que vous en prenez
bien à votre aise... »

Mademoiselle vient souvent d'une lieue, a déjà

17.

donné deux leçons et a reçu la pluie et la neige,
sans préjudice de la crotte ; mais qu'importe! « *Je
trouve, mademoiselle, que vous en prenez bien à
votre aise...* »

Nous disons *mademoiselle*, parce qu'en général
les *professeuses* sont de vieilles filles, n'ayant jamais
songé à se marier, et pour cause. Jamais le suisse
ou le concierge des maisons où elles vont ne s'avi-
serait de les appeler *Madame*...

Elles dévorent en silence ces petites humiliations
inséparables du métier. Ordinairement, les *professeuses*, quand elles ne sont pas pédantes — la pire
engeance du métier — sont observatrices des milieux qu'elles traversent, et leur silence équivaut à
de profondes réflexions douloureuses. Elles ont,
dans l'intimité de ce dur labeur quotidien, pénétré
dans tant de familles, surpris l'envers de tant de
conditions sociales ! En s'occupant des enfants, elles
ont connu à fond chacune des mères. Quant aux
maris, si par hasard elles en rencontrent, c'est
qu'elles sont jeunes et jolies. Monsieur, alors, les
arrête au passage, il rentre comme elles s'en vont,
il sort comme elles arrivent, et il n'est pas rare qu'il
leur dise : « Quel stupide métier vous faites ! avec
d'aussi jolis yeux ! »

Mais ces rencontres masculines — mari ou frère —

sont un incident d'exception dans cette vie peu enviable. La *professeuse* a affaire aux femmes, et Dieu
sait, quand il ne lui arrive pas d'être tout à fait
bien traitée, avec intérêt et confiance, quelles sor-
ties lui font certaines personnes, parmi celles surtout qui ont été galantes! Après avoir contesté, dis-
cuté, marchandé le prix de la leçon, oublieuses
qu'elles sont du peu que leur pesait l'argent, elles
ne manquent pas de dire avec rudesse : « Mais
laissez donc votre parapluie au concierge; vous n'a-
vez pas besoin de le monter tout mouillé ici; vous
êtes-vous bien essuyé les pieds? »

Trop heureuse est la pauvre maîtresse de français
quand une élève s'attache à elle, en dépit des in-
grates séances, et quand une mère compatissante
accompagne d'une bonne parole le prix convenu du
cachet ou du mois!

Au bout d'une journée de fatigue, elle rentre régulièrement dans un logis sans feu, sans amitié,
sans une voix de mère ou de sœur qui lui dise :
« Chauffe-toi vite! Comme te voilà faite! Prends ce
bouillon! »

Quand la maîtresse de français est décidément
assez vieille pour n'avoir plus les timidités de son
sexe, elle entre bravement au *bouillon Duval*, s'y
fait servir la plus maigre pitance, dépasse rarement

un franc à son dîner, et remonte enfin chez elle déposer le harnais, c'est-à-dire l'éternel sac, l'inséparable parapluie.

Demain recommencera la corvée d'hier, comme aujourd'hui, comme toujours!

Quelquefois, quand une *professeuse* est distinguée et a de la réputation (quelques-unes en ont dans leur genre), elle se trouve appelée dans de nobles hôtels, et entre en relations avec de très-grandes dames. Celles-ci sont souvent charmantes, se plaisent à causer avec elle, et, de gré ou de force, lui font des invitations.

Les pauvres maîtresses s'en défendent. « O ciel! pensent-elles, des jupons blancs, des gants neufs, une coiffure! » N'importe! de temps en temps elles sont forcées d'accepter, j'allais dire d'obéir. On sort de la caisse une jupe noire parcimonieusement conservée, on tuyaute quelque dentelle jaunie, on exhume une fleur artificielle quelconque, et timidement, craintivement, on s'exécute, réduisant le plus possible sa personne, et la dissimulant dans quelque coin noir, tout près d'une porte, pour disparaître.

Aujourd'hui, coûte que coûte, il faut dîner à quelque table écussonnée, avec des armoiries sur tous les plats; aujourd'hui on mange de la *pintade*, hier on faisait mariner chez soi un hareng, demain

on prendra un bouillon chez *Duval*. Les *caoutchouc*
seuls vont leur train et sont de tous les services : à
l'antichambre ou sur le macadam.

Ce rude métier de *professeuse* est la ressource de
bien des femmes. Les unes y sont portées naturellement : de parents pauvres, mais bourgeois, la
couture leur eût répugné ; elles eussent rougi d'être
ouvrières ; l'enseignement était leur seul refuge.
Elles ont débuté par une vie de privations pour
suivre les cours, passer leurs examens et s'essayer
comme sous-maîtresses ; elles continuent par une
vie de privations, n'osant pas demander cher, com-
mençant par peu de leçons, ayant souvent l'air d'en
avoir, et, en réalité, courant après...

On n'imagine pas quel miracle de calcul il faut
réaliser, quel tour de force d'économie il faut in-
venter pour arriver à s'entretenir de costumes pas-
sables, de brides fraîches, de gants convenables.
L'institutrice est pauvre, et connue pour une personne pauvre ; on sait qu'elle ne ferait pas cette
dure besogne si elle avait le *moindre grain de mil*,
et l'on exige d'elle la mise coûteuse d'une personne
riche...

Aussi, voyez-la dans le monde, au théâtre, en
voiture ; son attention à ses effets est touchante :
elle a peur d'un pli, elle remplace vite par des gants

fanés — aussitôt qu'on ne la regarde plus — les
gants frais qu'il fallait absolument qu'on lui vît aux
mains. Elle relèvera sa robe comme aucune femme
du monde ne consentirait à le faire, de peur
que la boue ne ronge trop vite la bordure; quant
à des taches, vous n'en découvrirez jamais sur
elle.

Beaucoup de veuves se lancent aussi dans l'enseignement : veuves de militaires qui n'ont pu obtenir
un bureau de tabac, veuves d'employés qui n'a-
vaient que leurs appointements. Celles-là sont les
tambours-majors du bataillon, et il ne faudrait pas
qu'on leur dît un mot de travers. Les plus méri-
tantes, sans contredit, sont celles que des revers de
fortune ont précipitées d'une position brillante, et
qui se mettent résolûment à l'œuvre. La presque
totalité, pauvres filles ou pauvres veuves, ont
charge d'âmes : de vieux parents comptent sur leur
aide, et elles les soutiennent au jour le jour.

Que de fois, tandis qu'une belle dame leur raconte ses toilettes et leur expose le menu de sa
soirée, elles songent dans leur pensée à un impôt
forcé d'économie nouvelle, à un envoi de chauds
vêtements à faire, à quelque humide mansarde à
payer! Elles ont vu, en traversant le marché, des
oignons au tas et des pommes. « Ce sera ma

soupe, se disent-elles, et mon plat d'aujourd'hui. Ne prenons pas d'omnibus. »

On peut sourire à leurs façons sordides, au léger ridicule qui les atteint avant l'âge, à toutes les étroitesses et toutes les parcimonies visibles de leur vie extérieure. La majorité, sans foyer au départ, sans foyer au retour, sans chaud baiser de mère, sans douce parole d'amis, sans la moindre domestique pour soigner l'humble gîte, va par tous les temps, par tous les rhumatismes, par toutes les migraines, par toutes les palpitations et toutes les défaillances de cœur, à ces piteuses leçons d'institutrice..; montant et descendant par jour des vingtaines d'étages, sans compter le leur, et ne s'arrêtant que lorsque leur souffle s'arrête, quand la mort sans bruit les emporte.

Et la plupart, si elles n'avaient pas été honnêtes, auraient si bien pu vivre autrement !

☆

X. est intelligent, distingué; il est érudit; une certaine observation sceptique donne de la couleur et du trait à ses paroles de bonne compagnie : il a *du monde*, pour parler le langage des salons. Mais ne prenez pas la peine de l'intéresser en quoi que ce

soit; quelque chose que vous lui disiez, même pittoresque, même importante ou grave, il ne l'écou-
tera que pour trouver immédiatement, dans le ré-
pertoire anecdotique de ses souvenirs, une histoire
personnelle du même genre qui efface et surpasse
la vôtre, et accapare à son seul profit l'attention des
autres. Jamais X. ne vous répondra; s'il saisit votre
pensée au passage, c'est pour vous la prendre au
plus vite et en faire une fusée d'esprit. Lui seul doit
occuper la scène. Personne — lui présent — n'a le
droit de jouer un rôle. La majorité du monde se
compose de ces personnalités effroyablement égoïstes, sèches et vaniteuses; mais le monde ne demandant qu'à être amusé, cela lui plaît; et, en vérité, le
succès appartient à ces habiles sceptiques, à ces
froids et durs acrobates.

☆

Une fois de plus, je ne vois pas qu'il soit si nécessaire de mettre en garde les esprits prudents
contre certaines natures suspectes : celles-ci se décèlent elles-mêmes; elles ont une transparence absolue de laideur qui impose immédiatement le jugement vrai. J'affirme que le visage révèle la conscience, et que la vie d'un individu s'inscrit d'année

en année et de plus en plus lisiblement sur sa figure. L'âme façonne le corps ; un œil exercé ne s'y trompe point. La répulsion est instantanée entre certaines natures dissemblables : aucun avertissement n'est supérieur à celui-là.

Lorsqu'on lui recommande quelqu'un, *Nobody* ne manque jamais de dire, quelque éloge qu'on lui en fasse et quelques certificats qu'on lui montre : « Assez, envoyez-le-moi, je le verrai. D'ici là je ne le recommanderai pas, quelque insistance qu'on y mette. »

Et dans ses impressions immédiates, *Nobody* ne s'est jamais trompé.

☆

Mélite n'a jamais eu assez de ce dont elle n'avait pas de trop !

☆

Mélat ne sait s'il a la fièvre que lorsqu'il a tâté le pouls à son voisin.

☆

PORTRAIT

Lionel est un de ces personnages qui réalisent le plus expressément l'esprit du monde brillant, su-

perficiel, élastique, flagorneur, impertinent, para-
doxal, caméléon, et charmant au suprême degré.

Sans foi ni loi, sans bagage de conviction encom-
brante, il ne se prend pas au sérieux, non plus que
les autres ne l'y prennent, et serait désolé qu'on
lui supposât du cœur, lui sensible plus que personne !
Ainsi délivré des sentiments qui surchargent la vie
et obstruent la pensée, Lionel était né pour être
diplomate, et il joue son rôle avec une dextérité qui
ne lui coûte rien, une désinvolture de conscience et
une sûreté de bonheur qui ne sont jamais en défaut.
Les femmes prennent feu pour ce séduisant papillon ganté de frais, qui réplique à leurs coquetteries, et ne leur donne pas plus d'amour qu'elles ne
sauraient en éprouver elles-mêmes dans ce chassé-
croisé de fantaisies oisives.

☆

ROSINE

Rosine a une fortune on ne sait comment acquise,
mais qu'on lui pardonne parce qu'elle a table ouverte, vins généreux, loge à l'Opéra, chevaux à la
ville et chiens à la campagne. Ses amies sont nom-
breuses, et quelques-unes, moins habiles qu'elle,

sont restées dans l'ombre. Avec le cœur qu'on lui connait, vous imaginez peut-être que ce sont celles-là qu'elle favorise. Détrompez-vous, ce serait par trop simple, et, dans ce monde, les actions raisonnables sembleraient saugrenues. Rosine est en contemplation devant très-haute et très-noble dame qui l'humilie d'ordinaire, la berne plus que ne fut berné Sancho Panza, et hume son encens avec une orgueilleuse indifférence. Les fleurs exquises, les primeurs rares, les fantaisies coûteuses vont à cette idole, mille fois riche, mille fois encombrée de trésors, et qui ne sait que faire de ces présents.

Il est vrai que celle-ci *réciproque* avec une magnificence quasi-royale, et il est vrai aussi que cela fait bien dans la vie de se mêler aux parchemins illustres. Les pauvres compagnes peuvent sonner à la porte; elles feraient aussi bien de rester chez elles.

Mes enfants, cette histoire n'est pas un conte. Rosine n'est point un monstre, c'est une aimable femme, très-obligeante à sa manière, et qui a beaucoup de semblables. Je pourrais aussi bien la nommer Esther, Euphrosine, Émilie : vous lui donnez la main tous les jours. Mais vous êtes de pauvres hères, mes enfants, vous lui rappelez son humble origine : vous n'aurez ni ses asperges en décembre, ni ses roses de mai en janvier.

✡

Il y a des gens qui sont affamés et altérés de servitude, desquels on peut justement dire qu'ils ont
la vocation de la dépendance. Ils sont nés pour servir, obéir, faire les chiens couchants, essuyer la
bonne ou la mauvaise humeur du maître, le flatter,
lui faire écho, l'escorter, accepter ses rodomon-
tades, recevoir ses éclaboussures, être malmenés,
humiliés, méprisés même quand il lui plaît et
comme il lui plaît, et être contents. Quand l'affection dicte cette conduite, la dépendance s'appelle
dévouement : j'en suis émue et je l'admire. Serviteurs alors sont amis.

Je parle ici de ceux, uniquement de ceux qui ne
demandent à la vie que de paître grassement, ri-
chement dans les meilleurs pâturages, et qui s'at-
tèlent d'eux-mêmes aux chaînes dorées. Une bonne
table, fût-ce à l'office, de luxueuses défroques,
eussent-elles des taches, un coussin de velours,
fût-ce la sellette d'un laquais derrière la voiture, de
beaux tapis et de beaux gages, c'est l'idéal de ces
braves gens, et ils lèchent la main qui leur distribue
sans rien faire ces largesses.

Toute chose se payant par quelque autre chose,
il y a là-dessous des dédains pour eux (je parle, il

est vrai, de certains maîtres), des intempéries d'humeur, des boutades, des caprices à rendre le soleil fou : qu'importe ! Qu'est-ce que vous dites là? Les vivacités de madame se réfléchiront en cadeaux, ses impolitesses représenteront tout à l'heure un beau châle, qui sait! une chaîne de montre, peut-être !

Singulière personne, par trop originale, cette pauvre et fière ouvrière qui préfère là-bas trotter dans la rue sous la pluie et la neige, avec sa dignité pour fortune, sa conscience pour carrosse, et sa liberté pour maîtresse !

☆

— Eh! chaque jour, à l'exemple de l'Esaü biblique, n'échangeons-nous pas contre un plat de lentilles notre part d'héritage, la magnifique destination de nos âmes, le but suprême de notre vie ? Pour un plaisir présent, de durée nulle, de saveur incertaine, sensation fugitive et précaire, n'engageons-nous pas notre éternité, ne livrons-nous pas à l'ennemi jaloux nos droits aux possessions futures!

La conscience est là qui proteste et qui pleure, — car son témoignage inflexible ne déçoit pas, — mais notre folie passe outre, nous voulons notre plat de lentilles, et nous traînons ensuite dans la vie, humiliés, défaits, dépossédés, déshérités.....

☆

EMMA

Emma a le regard noble, le parler noble, la démarche noble, une manière noble de penser et sentir. Elle a surtout le rire noble. Personne, à l'occasion, ne rit plus qu'Emma, et vous ne sauriez vous rendre compte de ce rire aux notes de noblesse, si vous ne l'avez entendu dans sa grave sonorité majestueuse. Ce rire est particulièrement ce qui la caractérise et ce qui la distingue de toutes les amies vulgaires qu'elle a pu rencontrer. Le rire ordinaire, le rire commun, le rire à l'usage de tout le monde s'épanouit au dehors, éclate pour ainsi dire comme une fusée. Celui d'Emma comporte des grelots intérieurs qui font partie de sa conscience, et dont la gamme ascendante exulte jusqu'aux élévations de son cerveau.

C'est vous dire qu'Emma est née noble, et que le berceau qui l'attendait était brodé de sa couronne et constellé de ses armes. Ses pieds n'ont pu être que des pieds de duchesse, et ses mains, ses belles mains fines, que des mains de patricienne. Précédée dans la vie d'une avant-garde d'ancêtres magnifiques, escortée de serviteurs pompeux, c'est en grande livrée que lui sont apparues toutes les choses de ce monde.

Vous allez croire, sans doute, que ce portrait est une satire, et vous souriez avec malignité de mon épigramme prétendue. Détrompez-vous : cette grande dame, détachée de son noble cadre, est plus simple que vous peut-être, et, à coup sûr, plus affable et plus bienveillante que bien des bourgeoises, si hostiles et si dédaigneuses aux gens de peu !

Le sentiment tendre et attristé qu'elle en éprouve la rend indulgente et miséricordieuse pour les fautes des autres : fautes qu'elle impute le plus souvent à l'insuffisance des moyens de vivre, à la coupable indifférence de la société, bien plus qu'aux mauvais penchants de mille pauvres filles. Si quelque jour une grande amélioration peut enfin se réaliser sur cette terre, soyez sûrs qu'Emma, de tout son dévouement et de toute sa bonté, sera à la tête de cette entreprise.

N'est-il pas touchant de voir les plus heureuses de ce monde, celles qui ont naissance, fortune, éducation, affection, se relier ainsi aux plus malheureuses, à celles que ne protégent ni la famille, ni le mariage, aucune de ces tendresses qui sont une force, un appui, une toute-puissante sauve-

garde, une consolation et un encouragement
suprêmes ?

☆

UNE AME

Je serai la fleur sur l'abîme,
L'immortel rayon du Devoir.
Oh ! sur cette terre du crime,
Du Remords et du Désespoir,
Où toutes les douleurs entre elles
Font un tel concert ténébreux,
Lumineuse, j'aurai des ailes,
Et, moi, je chanterai les Cieux !
Celui-là qui tombe ou qui souffre,
Misérable en son deuil profond,
Sentira ma main près du gouffre
Et ne roulera pas au fond !
Pure, éclatante, sœur des anges,
Immaculée en mes blancheurs,
Je relèverai de leurs fanges
Les coupables et les pécheurs.

Et de ma douceur tutélaire
Si quelqu'un est effarouché,
Je redirai le mot austère :
« Que celui qui n'a point péché
Leur jette la première pierre ! »

☆

Certaines *incroyances* en l'amitié évidente, avé-
rée, en la générosité incontestable des autres, sont

aussi injustes dans leur égoïste misanthropie que l'excessive défiance également exagérée de soi-même. Oh ! qui nous donnera les balances exactes, les balances désintéressées du *vrai !*

☆

— Mais avoue-le donc, mais consens donc à en parler de cette joie qui t'est faite, de ce présent que tu reçois..., tu me parlerais si longuement d'un chagrin !...

O misère de l'âme, improbité invétérée du cœur humain ! obstination de ne vouloir pas reconnaître le bien qui arrive, l'obligeant service qui est rendu ! On détaille démesurément un ennui ; on crie avec amplification jusque sur les toits un malheur qui survient ; on n'a pas assez de tout son volume de voix pour en informer l'univers....

Mais quel silence, au contraire, s'il s'agit d'un événement heureux ! Que de réticences, que de restrictions, si l'on est contraint d'en parler ! Comme on le dissimule, comme on le diminue, comme on l'atténue, comme on le conteste avec souveraine injustice et mauvaise foi cruelle ! Quelle parcimonie de reconnaissance vis-à-vis du ciel bienveillant !

☆

La vie se passe à entendre des énormités auxquelles on ne répond point : celui qui est capable de les dire n'est pas capable de se reprendre, bien qu'il ne cesse de se contredire. L'injustice gouverne le monde, et la partialité le met en pièces. Le penseur qui voit, qui écoute et qui juge n'a point l'illusion de convaincre ni de transformer personne. Il plonge chaque jour dans l'isolement; et son amer silence atteste une clairvoyance cruelle, d'un désabusement et d'un renoncement, d'une totalité d'expérience qui font froid à l'âme.

☆

« *Je vous traite en ami,* » c'est-à-dire (selon le monde), je vous traite sans façon, sans cérémonie, avec le rien dont je me contente....

Eh bien ! non ! «*Je vous traite en ami,* » c'est-à-dire (selon moi) je vous donne ce que j'ai de mieux, de plus choisi, de plus délicat, de plus extraordinaire ; car un ami, n'est-ce pas déjà ce qu'il y a de plus extraordinaire ?

Réservez, s'il vous plaît, à ceux qui ne sont pas vos amis votre parcimonie de tous les jours.

☆

Il n'y a pas de faux amis. Comment, qui que vous soyez, pouvez-vous associer si étrangement ces deux mots qui s'excluent : *amis* et *faux* ?

Ou vous avez des *amis*, et alors ils ne sont pas *faux* ; ou, si ce sont de *faux amis*, ils ne sont pas amis du tout.

Prière, oh ! je vous en conjure, vous tous qui parlez sans prendre garde, ou écrivez sans guère penser, de désagréger ces deux termes qui, en vérité, hurlent de se trouver ensemble !

☆

La vérité semble si peu vraisemblable dans sa nudité fière, et le mensonge fait tellement partie du costume de la langue que le moins qu'on puisse faire — et le moins qu'on fasse — dans l'habitude du langage — c'est d'ajouter quelque chose au récit le plus sincère ; il y a toujours ainsi une sorte de bonne mesure de parole, sans laquelle on croirait être en deçà de la vérité. Otez donc toujours quelque chose au récit que vous entendez, faites un décompte : cela est nécessaire, si vous avez la singularité, la fantaisie, la bizarrerie sans nom du *vrai absolu*.

☆

Quelques-uns s'étonnent du changement d'aspect de certains esprits, refrognés chez eux, ravissants chez les autres. Eh mais! ceci n'est-il pas chose toute simple ? Pour aller en visite, ne mettez-vous pas vos meilleurs habits, tandis que vous portez chez vous vos loques ou vieilles hardes? Ainsi, pour dîner en ville, l'esprit fait toilette, l'esprit lisse ses plumes, et se garde bien de laisser voir les aspérités, les rencognements, les hérissements réservés avec accompagnement de mauvaise humeur au domestique coin du feu : doux privilége des pantoufles et de la robe de chambre !

☆

Madame ***, que j'ai beaucoup rencontrée dans le monde, est un sujet d'observation infiniment complexe.

Très-distinguée, avec une élégance de manières qui défierait l'aristocratie la plus raffinée, madame *** ne laisse pas de rappeler à chaque instant son origine des plus modestes. Ce qui a de tout temps caractérisé madame ***, c'est une hauteur morale, une délicatesse et une sensibilité de conscience que

rien n'aurait pu abaisser ni émousser. Cette élévation naturelle est aussi ce qui a imprimé à toute sa
personne une fierté douce, une impressionnabilité
d'honneur, une susceptibilité de droiture dont rien
n'approche.

Mais cette beauté de lys a poussé dans le terrain
d'une quasi-indigence. Madame *** est d'une naissance très-humble, et son enfance a été très-labo-
rieuse. Elle s'en ressentira toujours. De fortes qualités personnelles, une énergie de volonté peu commune ont triomphé des circonstances les plus ad-
verses, et madame *** a conquis par elle-même le
rang presque considérable qu'elle tient dans la société. Sa toilette, d'une exquise harmonie, donne
des leçons de goût aux plus riches, sa table offre un
confort que n'atteint pas toujours l'abondance la
mieux entendue, ses soirées offrent un cachet de
bon ton qui les fait rechercher. Au milieu de tout
ce bien-être, madame ***, naturellement généreuse,
est aussi naturellement économe. Elle se souvient
toujours de sa condition d'autrefois. Sort-elle pour
quelque visite, elle interrogera longuement le ciel,
l'heure, le baromètre, pour ne pas exposer à une
pluie subite la fraîcheur de sa mise. Trois paires
de gants seront toujours à son usage dans sa poche
coquette : une, irréprochable, au service de sa visite;

une, un peu moins neuve, suffisante pour la rue ;
enfin, une dernière, sur le déclin, pour sa rentrée
chez elle. Elle est constamment préoccupée de pré-
venir une usure prématurée, et elle ne cesse de se
livrer aux plus profonds calculs pour entourer de
soins et de préservation les plus vulgaires objets de
sa toilette. Cette inquiétude la poursuit au milieu
des considérations les plus graves de sa pensée :
ressouvenir des difficultés d'autrefois.

Ce léger ridicule fait sourire. Mais, à côté de ce
travers, madame *** a une bonté si rare, une charité
si infatigable pour les pauvres ! Elle a su ce que
coûtait le travail ; elle saura toujours ce que coûtent
les larmes. Que ceux qui n'ont point de paille dans
les yeux appellent sa seule faiblesse une poutre !

☆

Une observation, même douce et délicate, faite à
quelqu'un sur sa maison ou ses affaires l'irrite pour
trois motifs très-graves :

1° Parce que c'est un blâme ;

2° Parce que c'est une prétention d'y voir vous-
même beaucoup plus clair ;

3° Parce que c'est juste.

☆

La marque la plus certaine que vous avez tort, c'est que vous vous emportez.

☆

Les reproches nous sont si désagréables quand ils sont mérités, que je ne saurais assez réprimander les familiers moralistes qui, voyant tout, ne peuvent s'en taire, et ont la monomanie des sermons. Pour vivre, non heureux, mais à peu près tranquille dans la vie, il faut, ayant le don cruel de la clairvoyance, en bénéficier seulement pour son propre compte — bénéfice douloureux de renoncement à tout —, mais ne jamais en offenser stérilement les autres. Pourquoi faire ? J'ai dit, redit et je répéterai à satiété cette même expérience : voyez, sachez, détachez-vous, mais n'en montrez rien, absolument rien. Cela est si amèrement inutile aux autres, et cela vous les aliène si sûrement !

☆

On obtient des autres beaucoup plus en flattant le bien qui leur échappe, qu'en relevant les fautes qu'ils commettent. Le bien lui-même est le meilleur encouragement au bien ; on s'exalte dans un éloge

reçu, et l'on se surpasse volontairement soi-même.
Le reproche le plus justifié n'amène — au contraire — que découragement, renoncement à poursuivre le but difficile, haine du monde exigeant,
amertume sur ses propres forces...

☆

Vous n'êtes rien dans ce monde, vous ne repré-
sentez rien dans la vie, dit-on journellement à nous
autres, pauvres poëtes : *Si vous étiez quelqu'un,
vous seriez quelque chose.* Hors de la fonction publiquement honorifique et publiquement parasite,
point de salut.

☆

Si vous mettez à un haut prix ma servitude, pourquoi voulez-vous que je ne mette pas à un plus haut
prix encore ma liberté ?

☆

Pourquoi, dans certaines situations, la fierté re-
çoit-elle tant d'atteintes ? — Hélas ! certaines portes
sont si basses ! Et il faut passer sous ces portes...

☆

Quand on voit le mauvais usage que quelques-

uns font de leur fortune, on découvre, soi, le bon
usage qu'on peut faire de sa misère.

☆

L'orgueil humain se délecte à faire pompeusement
de petites choses, avec accompagnement de cymbales et de castagnettes : l'humilité chrétienne se
complaît à pratiquer en silence les plus hautes vertus, les plus rares et les plus héroïques sacrifices.

☆

Le bénéfice de la chose que l'on va voir consiste
dans l'intérêt de la chose que l'on n'attendait pas.
En toute chose, toute cérémonie, toute séance, je
vais... pour ce qui n'est pas annoncé. Dans le prévu
je vais... pour l'imprévu. Le programme n'est
jamais pour moi que le prétexte d'une fantaisie.
Vous rapportez... ce qui n'était pas sur l'affiche, et
ceci constitue le véritable butin de votre dérange-
ment, de votre observation, de votre gerbe intérieure, cette gerbe des faits et gestes de la vie.

☆

Faisons place au hasard dans l'aventure humaine :
La raison nous emporte, et l'imprévu nous mène !

☆

LA MÈRE MICHEL

C'était une petite lucarne, tout en face de ma fenêtre, pittoresque à force de vétusté, et curieuse avec son pignon aigu. Un haillon, vieux débris de châle, pendait aux vitres à moitié cassées, mal raccommodées de papier gris. L'œil, à travers l'étroite rue, pénétrait dans l'indigent réduit; et l'on voyait s'agiter près du toit en pente une pauvre vieille femme qui, secouant par-ci par-là une guenille, et rinçant de temps en temps une cruche ébréchée, s'imaginait faire son ménage.

C'était la mère Michel. Coiffée jour et nuit d'un madras, elle portait depuis des années la même loque d'indienne, en guise de robe. Hélas! la mère Michel n'avait même pas le moyen d'avoir un chat! Sa pauvre cuisine sur un fourneau de briques représentait une naïveté de nourriture où les pommes de terre frites alternaient avec les harengs, les jours de fêtes carillonnées.

La mère Michel se levait tôt, et se couchait de même, n'usant en toute saison que de la lumière du bon Dieu. On disait qu'elle allait en journée raccommoder, à grands renforts de bésicles, les hardes chez les autres.

L'autre soir, rentrant tard d'une course lointaine, j'aperçois dans ma chambre le reflet d'une vive lumière; mon étonnement est extrême, je suis stupéfaite. Quoi donc! une chandelle chez la mère Michel! La pauvre femme, bien sûr, est morte...

Oui, la mère Michel était morte.

— « Entendez-vous, disait la boulangère d'en bas, comme mon chien *n'hurle* ce soir; c'est un *n'hurlement* qui se *dénaturise*... »

Un vieil asthme avait étouffé la pauvre vieille mère Michel. Une voisine, ne l'entendant plus, avait poussé du coude la porte sans serrure; elle ne s'était pas étonnée, et avait fait à la pauvre âme la charité d'une serviette blanche et d'une chandelle. La chandelle a expiré vers ce midi, faisant place à l'éblouissant soleil du printemps.

Ce matin, entre des paquets de toutes sortes et des charretées de légumes non encore retirées des rues, une mince bière se frayait passage, portée à l'aise sur les épaules d'un menuisier. Le corbillard n'a pas tardé à paraître avec sa bordure de coton blanc, et un brave homme de cocher, enchanté de trouver sous la main le marchand de vin d'en face; les croque-morts sont venus, eux aussi, presque

aussitôt. Il n'y avait pas de cérémonie à cet enterre-
ment de la mère Michel, — et les grandeurs seules
se font attendre.

Cependant, le commissaire, qui est le seigneur
de la circonstance, n'était pas encore là, et les
croque-morts, après avoir trinqué une *goutte* avec
l'honnête cocher funéraire, se sont amusés à regarder les gravures du marchand de bric-à-brac, et
ont fait un brin de causette avec la blanchisseuse,
la fruitière et deux grosses concierges. Enfin, le
commissaire, comme un monsieur en visite, est
arrivé d'un pas noble; le cocher a remonté ses
genouillères blanches et a exhibé un papier jaune;
les croque-morts ont balancé leur chapeau de toile
cirée et ont, à leur tour, exhibé un autre papier
jaune; tout le monde s'est ainsi communiqué un
même papier jaune, qui était le *laissez-prendre*
et le *laissez-passer* pour la pauvre mère Michel.

Les trois croque-morts sont montés jusqu'à la
mansarde. Un bout de bière dépassait la lucarne
ouverte. Ils l'ont descendue, comme une chose
toute simple. Le cocher était sur son siége avec
gants et tricorne, les chevaux s'étaient réveillés,
l'important commissaire fit un signe, la pauvre
bière se mit en marche.

Six personnes suivaient le convoi de la mère Michel.

— « Mon chien *n'hurle* encore, mon chien *n'hurle* toujours, » répétait en faisant le signe de la croix la pieuse boulangère.

Que l'on soit la mère Michel ou que l'on soit Rohan, la mort est chose solennelle. C'était une émotion générale dans la petite rue. Chacun était sur sa porte ou à sa fenêtre. Les passants se découvraient tous : le facteur entrant dans l'hôtel oubliait de donner ses lettres, demandant avec respect des détails sur la morte. Le balayeur, qui s'avançait avec son tombereau, ne songeait pas à sa besogne et méditait, appuyé sur son balai de bouleau...

Pauvre mère Michel ! si simplement et si paisiblement morte ! N'y eut-il pas un autre temps pour elle où, sans madras sur la tête, mais avec de beaux cheveux blonds en couronne, un frais rire plein la lèvre, elle était leste, pimpante, alouette matinale, un temps où elle arrosait en chantant des fleurs sur sa fenêtre, heureuse et rougissante sous des regards d'amoureux?

La petite lucarne est toute grande ouverte : des oiseaux entrent voir ce qui s'y passe.   .   .   .   .

.   .   .   .

☆

Pourquoi une installation provisoire, suivie d'un départ plus ou moins rapproché, fait-elle toujours penser aux choses de la mort?

— C'est que la vie n'est elle-même qu'une installation provisoire, un lieu de demeure temporaire, suivie sans exception d'un départ, dont le signal peut être donné à chaque minute de nos heures fugitives...

☆

Que de fois je me suis demandé, sans que personne pût s'en douter, quelle heure il est pour moi au cadran de l'Éternité!

☆

Rien n'est souverain pour l'esprit fatigué comme un déplacement de milieu, rien ne remet droit les idées comme un changement de décor dans le spectacle des actions humaines. L'homme étant, hélas! partout borné par lui-même, son point de vue ne dépasse guère le cercle de ses intérêts; et il suffit pour l'observateur d'entrer dans une maison inconnue, pour découvrir tout un pays nouveau de relations, de croyances mêmes et d'affections.

Ce qui s'appelle pompeusement la société humaine, c'est-à-dire tout simplement le monde, n'est en réalité qu'un ensemble de groupes séparés et fermés, où chaque individu établit sa pensée et enclôt son univers entier. Ce qui passionne ici, laisse tout à fait insensible et insouciant là-bas. Vous n'avez qu'à traverser un champ pour trouver, au sujet de ce qui vous inquiète le plus, des trésors d'ignorance et des abîmes d'indifférence.

Quelle douche salutaire! Quel calme subit dans la tempête!

Gardez-vous d'avoir la tête chaude chez vos nouveaux amis; pas de précipitation de paroles; ne dites rien, regardez seulement, et écoutez....

Oui, chacun ici-bas se fait centre; et les cercles d'action individuelle peuvent être plus ou moins restreints, plus ou moins larges d'horizon, ce sont toujours des cercles, au-delà desquels toute idée générale devient pays vague, terre inconnue. Sortez donc, vous que la politique ou que la science absorbent. Vous n'aurez point à aller loin. Les choux ici, les raisins là, châteaux ou fermes, usines ou huttes, vous trouverez mille intérêts divers, qui, tous vrais autant qu'absolus, qui, tous étrangers à vous-même et peut-être étonnés de vous-même, vont vous distraire, vous occuper, et à l'instant calmer votre fièvre.

☆

LE FACTEUR

Cra, cra, cra...

Un bruit de pas sur le gravier.

Cra, cra, cra, cra....

Le bruit de pas se rapproche.

Cra, cra, cra, cra, cra...

La petite sonnette de la porte du jardin tinte son grelot : c'est lui ! — c'est le facteur.

Il porte un beau bâton blanc, en guise de canne ; un chien, moitié levrier, moitié loup, l'accompagne avec des yeux très-éveillés, de fines oreilles qui se redressent, un vif plumet de queue toujours en trompette.

Cra, cra, cra...

Le facteur est un grand garçon insouciant que rien n'émeut, pas même le sentiment de son importance *courriériste;* il porte négligemment en bandoulière son sac de cuir bourré de lettres, et vous voyez de loin son chapeau de paille à larges bords, ce chapeau rond à double fin : ombrelle, s'il fait soleil, et parapluie, s'il pleut...

Avant toutes choses, un petit tour dans les sous-sol de la cuisine ; la cuisinière a un broc de vin qui

ragaillardit l'estomac matinal, et qui tout simplement vous met du cœur aux jambes, faisant diver-
sion d'ailleurs à la piquette de cidre du vieux pays
normand.

Cependant, une jeune femme est aux aguets :
voyez-vous cette blanche figure à capuchon rouge,
sur l'étroit balcon italien qui d'un côté surplombe
la colline? Depuis une demi-heure elle épie le grand
chapeau de paille, le bâton blanc, le trottement du
chien fidèle.

Çà et là d'autres petites têtes moins en vue, mais
non moins attentives, non moins curieuses, regardent aussi le messager.

« Enfin, aujourd'hui, apporte-t-il quelque
chose? »

On entend la voix du jeune rural; la mystérieuse
sacoche de cuir est ouverte; il tend de la main
chaque journal, il remet une à une chaque lettre,
en prononçant tout haut chaque nom de destina-
taire. Plus un bruit dans toute la maison; chaque
respiration est suspendue; la vie semble s'être réfu-
giée au perron du jardin. Un coq s'avise de chanter
à la ferme voisine : Sot animal! dit la châtelaine —
suzeraine du lieu — derrière le treillage des stores.

— Encore rien aujourd'hui!

La fenêtre du balcon italien se referme, tandis

qu'une agile camériste frappe ses deux petits coups
empressés à l'une ou l'autre porte des hôtes privilé-
giés ce matin, et fait avec bonne humeur l'immédiate distribution des missives.

— Encore rien aujourd'hui!

Pendant ce temps, l'innocent facteur continue çà
et là sa tournée. Que lui importe l'expression des figures? Voilà une jolie baigneuse en train déjà de
lire son courrier *azur*, courrier non diplomatique
ou plutôt très-diplomatique. Ce gros magistrat dé-
coré de lunettes déploie avec conviction son *Journal des Débats*, et fait à certains passages un hoche-
ment de tête rempli de brumes. Son regard vient de
rencontrer sans doute le nom honni de Gambetta.
M. le maire est, lui aussi, en promenade hygiénique
du matin. Il tient à moitié lue une volumineuse
correspondance, çà et là agrémentée du timbre mu-
nicipal : aigle ou coq, on ne voit pas la tête...

— Encore rien aujourd'hui!

Avez-vous remarqué, à mi-chemin de la colline,
dans cette jolie corbeille de fleurs où se baigne la
coquette maison italienne, cette poétique verandah
qui fait face à la mer? Il n'y a ici jamais personne,
bien qu'une charmante fée y demeure. Vous pouvez
y loger tous vos rêves; la baie est largement ouverte, le soleil vient s'y jouer et y projette de belles

ombres. Mais tournez un peu; c'est de l'autre côté
que la maison s'anime, à cet autre petit balcon sus-
pendu sous le ciel, et d'où la vue embrasse toute la
campagne, sans compter, à droite, le vaste horizon
de mer par-dessus le clocher effilé de la vieille
église.

— Encore rien aujourd'hui !

La figure pâle reparaît sous son capuchon rouge;
et, un livre à la main — qu'elle ne fait pas même
semblant de lire — elle regarde ardemment et va-
guement devant elle. Personne ne passe dans le
chemin étroit; le vent d'automne souffle dans les
arbres. Les trois peupliers du fond noir, à gauche,
s'illuminent à leurs cimes de beaux reflets d'or.
Elle est seule. Toute la maison est en ce moment
sur la plage.

— Encore rien aujourd'hui !...

Eh! quoi! que détient-il donc, ce facteur inutile?
Qu'attend donc — sans rien recevoir jamais — cette
douce figure pâle, abritée et voilée sous son capuchon rouge?

La campagne, n'est-ce pas le bain d'oubli bienfaisant, la séparation salutaire et réparatrice de
toutes les choses habituelles de la vie, ces choses ou
vulgaires, ou monotones, ou factices, ou cruelles,
qui affadissent.l'esprit, ou écrasent le cœur? N'est-ce

pas la' suppression volontaire des petits assujet-
tissements, des petites dépendances, des petits
froissements journaliers, des mesquineries : rivalités, jalousies, banalités incessantes; n'est-ce pas
l'éloignement sain et bon de mille préoccupations
ridicules, de mille soucis misérables, la commu-
nion avec les grandes choses libres, salubres, naturelles et réconfortantes? le *changement*, en un
mot, ce souverain, cet unique remède aux plus
grands maux? N'est-ce pas la digne, la fière, la sereine et apaisante solitude? N'est-ce pas le triomphant, le bienheureux silence?

Oui, mais n'emportez pas avec vous votre pensée
et votre cœur : laissez votre pensée en arrière, laissez votre cœur aux bagages...

La pensée a de trop énergiques retours; le cœur,
de trop dangereuses réminiscences. Il faut du bruit
autour du cœur; le silence réveille toutes les tristesses, la solitude ravive toutes les plaies. La brise
qui passe indifférente à travers les pins noirs vient
à vous chargée d'un essaim de souvenirs; le coup
de vent qui retourne les flots vient aussi vous retourner le cœur, recommencer ces coups de vent
du chagrin où toute l'énergie d'autrefois a sombré,
où toute résolution a disparu...

—Encore rien aujourd'hui! Sera-ce enfin demain?

De grandes ombres lumineuses — passages de nuages, eux-mêmes traversés de soleil — découpent le paysage mobile; la mer se teinte d'une moire aux longs reflets changeants. Çà et là un sourd grondement rompt la respiration égale des flots, tout à l'heure endormis. Le vent s'élève, quelques gouttes de pluie présagent un grain, la sonnette de la petite porte du jardin résonne ou plutôt carillonne; de petits pieds se précipitent dans l'escalier tranquille; de petites voix gazouillent à travers les chambres ouvertes; les enfants sont revenus de la plage, toute la petite maison est rentrée.

Le facteur a fini sa tournée du matin; jusqu'à ce soir il a déposé la sacoche de cuir jaune; et voici qu'il repart, retroussant ses guêtres, avec deux camarades équipés comme lui pour la pêche des crevettes, oubliées dans les mares. Le chien les a devancés; déjà furetant sous les roches, il aboie après les flots qui s'en vont, et fait de gros yeux à ses camarades du village.

La poste n'apporte guère que des journaux le soir; ne pensons plus à rien aujourd'hui; sera-ce enfin demain?

☆

Je regardais une douce et belle figure, encore

19.

jeune et charmante. Une paix idéale régnait sur ce
clair visage, empreint d'une bonté céleste. Ce
repos étrange m'attirait. Elle sourit et me dit :

« Personne ne peut rien me donner, personne
« ne peut rien m'ôter ; de là vient ma tranquille
« figure. »

Et comme j'écoutais attentive :

« Le monde, poursuivit-elle, ne comprend rien
« à toutes ces choses ; le monde a voulu me faire
« du mal, ajoutant ainsi son venin à des peines na-
« turelles très-profondes et très-vives. Alors, j'ai
« demandé à mon cœur une grande force silen-
« cieuse ; j'ai édifié dans ma pensée une haute tour
« imprenable ; et là, suppliant Dieu de me venir en
« aide, je me suis fait un sanctuaire empli de rêves.
« Des fleurs miraculeuses y ont poussé sans nombre ;
« aucun orage extérieur ne peut effleurer mon do-
« maine. Le monde ne peut rien me donner des
« seules richesses que j'apprécie ; le monde ne peut
« rien m'ôter de l'or sans prix que je possède ; mes
« biens sont à l'abri des fraudes, mon jardin de
« paix est fermé. Vous voyez que je suis heu-
« reuse ! »

Comme un refrain, ces tranquilles paroles partout m'accompagnent : « *Personne ne peut rien me*

donner, personne ne peut rien m'ôter. Vous voyez
que je suis heureuse ! »

☆

CONVERSATION AU BORD DE LA MER

C'était un soir, vous en souvient-il? Nous étions
seules sur cette pittoresque plage de ***, par un de
ces beaux temps noirs que j'affectionne si chèrement. Nous avions quitté votre poétique cottage,
distant de deux milles de la mer, et nous venions
de traverser ces magnifiques falaises dont mon ad-
miration ne peut se lasser, ces hautes falaises sévères, traversées d'un marbre si pur, et échelonnées
d'arbres si vigoureux ! Vous m'accompagniez jusqu'à un bateau à voiles, qui allait pour Jersey appa-
reiller cette nuit-là même, et sur lequel je devais
éprouver une si rude tourmente, voisine du naufrage. Le vent sifflait dur à travers les montagnes,
et les vagues, couleur de tempête, se dressaient cré-
nelées et retentissantes au-dessus des nombreux
écueils. Le petit phare de la jetée déserte allumait
son rouge feu tournant, et vous me surpreniez en
plein rêve devant ce grand spectacle. J'ai, vous le
savez, la passion des phares : j'ai fait souvent des
traversées nocturnes, uniquement pour voir sur

l'Océan sans bornes se refléter la longue lumière de
ces tours du rivage. Nous causions cependant. En
face de cette profonde solitude, si imposante et si
dégagée en apparence de tout souci terrestre, nous
évoquions ces inexorables problèmes du cœur qui
agitent éternellement la destinée humaine. Vous
êtes parfaite, vous ; la juste vision des choses d'ici-
bas vous a depuis longtemps élevée à ce faîte de la
paix et de la sagesse, où aucune déception ne peut
plus atteindre. Vous voyez, vous jugez, vous ne
souffrez plus ; moi, je vois, je juge aussi ; mais je
souffre toujours. Je suis pourtant à l'écart autant
que vous, dans ces engagements de la vie d'où nais-
sent le trouble et le chagrin. Nous n'appartenons,
ni l'une ni l'autre, à aucune de ces chaînes où se
ronge et où se brise le cœur. Tel que Dieu l'a voulu,
nous avons accepté, sans compromis et sans réti-
cence, notre double et quotidien devoir. Mais j'envie votre calme ; je ne suis pas arrivée à cette sérénité que je veux. Le détachement des unes n'est
donc pas le détachement des autres ? Certains cœurs
féminins ressemblent donc aux membres amputés
et douloureux encore des invalides ? Comment peut-
on souffrir d'une douleur absente ? Et, toute humi-
liée de pouvoir encore être attristée dans la vie, je
vous demandais avidement votre secret de calme,

Je vous vois encore, effilée sous votre burnous rouge, la figure encadrée par l'étroit capuchon, et vos yeux noirs brillant dans ce fier visage pâle. Loin, bien loin derrière nous, se perdaient les dernières petites maisons basses de la plage....

Il me sembla que vous vous recueilliez avant de me répondre. Etait-ce un ressouvenir qui assombrissait malgré vous vos pensées ? Enfin, vous me dites :

« J'ai voulu ce que j'ai : l'éloignement absolu, l'impossibilité de toute peine. Je suis venue ici pour n'être plus tentée de souffrir : Dieu et l'Océan me suffisent. Moi aussi, je me croyais née pour les affections durables ; mais j'ai vu autour de moi comme elles déçoivent, et comme elles meurtrissent. La pensée d'être moins aimée eût suffi pour me désespérer ; celle de ne l'être plus m'eût conduite au suicide. Je me suis bornée à la tendresse unique, sans partage, de ma bien-aimée mère ; elle est heureuse par moi, je suis heureuse par elle. Les soins vulgaires d'un mariage sans amour m'eussent paru odieux. La famille, sans l'enthousiasme et sans la passion, ne m'a jamais tentée. Mon courage, que vous admirez, eût été impuissant à accepter comme l'idéal de la vie cette prose des gens ordinaires. Quant aux prétendus liens du cœur,

vous savez comme ils résistent peu à l'habitude et
à la réciproque certitude de l'amour. Un jour ou
l'autre, l'amitié en laquelle j'eusse eu le plus de
foi se fût attiédie ou lassée. Les hommes sont
fascinés par des objets nouveaux. Les années, qui
ennoblissent le cœur, enlaidissent la figure. Pouvoir être un jour trouvée laide ou vieille, eût été
pouvoir être un jour délaissée ou trahie. Cette histoire, commune à toutes, ne devait pas être la
mienne. Je me suis sevrée du bonheur, qui eût cou-
doyé de si près le malheur. Pour que mon cœur ne
fût pas broyé, je l'ai gardé dedans mon âme, intact,
indifférent, insensible.

— Quoi ! vous dis-je, cette effusion de tendresse
possible que l'on sent sous vos paroles froides, n'a
jamais rêvé le bonheur pour quelqu'un, le dévouement pour quelqu'un, la piété de l'épouse, l'infinie
abnégation de la mère ?

— Chut ! fîtes-vous, ne parlons pas de cela.
Mon lot en ce monde est celui que vous voyez ; je
n'en devais pas avoir d'autre. »

Je tombai avec vous dans un silence d'où nous
ne sortîmes plus. Vous ne m'aviez rien appris sur
moi-même, mais vous m'aviez appris énormément
sur vous. Le renoncement n'est pas naturel à nous
autres, créatures de passion et de dévouement ; il

y faut la volonté, il y faut le raisonnement, il y
faut l'égoïste appréhension de l'avenir. Nous ne
nous décidons, solitaires de la vie, à ne pas être
heureuses que par la résolution de ne pas être
malheureuses.

Le vent, qui tout à l'heure allait maltraiter jusqu'au plus grand péril une barque légère, mugis-
sait dans les cordages emmêlés; les vagues pous-
saient dans l'espace des plaintes presque humaines;
les roches où elles s'engouffraient me renvoyaient
au cœur des échos effrayants. Il fallait se séparer :
vous, pour reprendre le chemin des falaises, moi,
pour descendre l'échelle interminable qui devait me
déposer à bord, cinq ou six heures avant le départ.
Vous alliez, au milieu des grands arbres de votre
maison, rêver sous vos blanches couvertures à nos
dernières paroles, et moi j'y songeai jusqu'au hou-
leux départ du bateau, toute seule sur le pont,
toute secouée de la marée montante, enveloppée
d'une grande voile glacée.......

☆

J'ai une bien mauvaise habitude ; en voyant une
belle chose, j'en demande toujours le prix. Ainsi
dans la vie morale. En présence de grandes qualités
exceptionnelles et hautes : désintéressement, bien-

veillance courageuse, charité : « Combien de douleurs, me dis-je malgré moi, combien de secrets
sacrifices cet apaisement suprême a-t-il pu coûter
à cette âme ? »

☆

Donne-lui du courage à cet esprit si fier,
A ce cœur, qui paraît d'une si rude écorce !
Qui pourrait mesurer son désespoir amer,
Saurait quelle faiblesse, hélas ! gît sous sa force !

Oh ! combien ces grands mots de calme fermeté,
D'entier renoncement, d'absolu sacrifice,
Couvrent mal la réelle et sombre pauvreté :
Débile, insuffisant et railleur artifice !

☆

Je vais donner ma recette à ceux qui, pareils à
moi, n'ont le temps de rien dans la vie, et veulent
néanmoins se tenir — par les journaux — au courant des choses du jour. Je dis *par les journaux.*
La besogne quotidienne empêche de les lire, et la
préoccupation de l'esprit défend de les ignorer.
C'est ici le triomphe de ma recette, prêchée d'exemple. Achetez-les : c'est déjà une paix pour la
pensée que d'avoir sous la main les journaux que
l'on pourrait lire, et de les pouvoir regarder à leur
place. Achetez-les, ayez-les auprès de vous ; mais,

puisque vous n'avez pas le temps de les lire, ne les lisez pas. Au bout d'une semaine de non-lecture — paisiblement empêchée — vous saurez par le train de la vie tout ce que vous devez savoir : ils ne seront plus du tout intéressants, il ne vous viendra pas la moindre velléité de les lire, et vous n'aurez pas l'ombre d'un regret de ne les avoir pas lus.

☆

On me demande toujours : que faites-vous à vos moments perdus?

Et moi je riposte :

— Demandez-moi donc ce que je fais à mes moments *trouvés?*

☆

S'il est facile d'ennuyer le monde en voulant à toute force l'intéresser à quelque chose, il est non moins immanquable de l'impatienter en voulant à toute force l'amuser et le distraire. Cette dernière prétention est tellement synonyme de *mystifica-teur,* que je m'étonne de la gravité et de la conviction que quelques-uns y mettent. Qui n'a pas assisté à des soirées où la maîtresse de maison consommait elle-même ses gâteaux, personne ne venant céans? Je conseille, *par expérience,* quand trois ou quatre

moutons résignés ont consenti à venir bâiller en-
dedans quelque part, l'usage d'un cornet acoustique
pour saisir dès la porte, dans l'escalier et avant
même que le perron de la cour soit atteint, les observations qui s'échangent entre les amis et les
hôtes sur l'amphytrion ou *l'amphytrionne* de la
fête...

☆

Les lettres sentimentales sont, à mon avis, rarement sensées; je l'ai pour ma part éprouvé. Il est
bien entendu que je ne parle ici que pour mon
propre compte et en mon propre nom, et d'après
l'expérience peu encourageante de ma propre littérature épistolaire, vis-à-vis des autres. Voyez déjà
combien peu concordent une lettre et la réponse à
cette lettre! Celui ou celle qui vous écrit aujourd'hui
sous l'impression d'une émotion quelconque, et
dont l'épître vous attendrira vous-même, pourra bien
n'être plus du tout dans les mêmes dispositions,
quand arrivera votre réponse. L'état de l'âme aura
pu changer. Aux larmes aura pu succéder le rire;
et vous pouvez, de la meilleure foi du monde, produire un effet burlesque, là où vous vous imaginez
faire de l'intimité, et correspondre à un besoin du
cœur.

L'intimité est bonne pour la causerie, seulement pour la causerie. En général, une lettre veut des faits, de la fine plaisanterie ou des anecdotes. L'âme humaine est si fugitive! ses impressions, d'étoffe changeante, ont des reflets si miroitants et si divers! Combien, en une journée, une seule personne a-t-elle, à son insu, changé de visage! Que de nuages, de soleil, de brume; que de bourrasques, de giboulées; que d'éclairs et que de ténèbres sur une seule face intelligente! C'est à la minute même, sous le coup réciproque et sensible d'une impression partagée, qu'une larme doit répondre à une larme, qu'un sourire doit parachever un autre sourire insaisissable. En dehors de ces épanchements, confidences parlées où la physionomie joue elle-même un si grand rôle, il ne faut s'aventurer qu'avec précaution à laisser se répandre l'émotion ou la flamme. Essaieriez-vous de la musique d'ensemble, le piano étant ici, le violon ou le violoncelle là-bas, de l'autre côté de la rue? Le sentiment est une musique d'ensemble. Le cœur, cet instrument incomparable et rare, doit être en harmonie complète avec l'autre cœur, écho ou confident. L'intimité est un accord de présence. Hors de cet orchestre-là, vous faites trop souvent de la cacophonie. Il est des mots qui ne doivent pas même être écrits. Le lan-

gage du cœur est fait autant de silence que de
parole. Sans cet accompagnement du silence, du
regard, de toutes les ombres ou de toutes les lumières de la figure correspondante, le sentiment
devient emphase, rhétorique, exercice de style,
composition littéraire. Qui peut jamais répondre,
face à face avec l'éloignement, que l'autre âme-sœur
est exactement au même diapason que soi, qu'elle
a pris ou non l'accord, et comprendra et sentira la
fugue ou le point d'orgue épistolaire?

☆

— Suis-je faite pour mes robes? ou mes robes
sont-elles faites pour moi?

Cette question, qui semblerait ridicule, contient
pourtant, hélas! pour la plupart des femmes la
seule philosophie de la vie. Non! les choses ne nous
appartiennent pas, c'est nous qui appartenons aux
choses. Ce bien sans prix : le temps; ce trésor inestimable : les heures, nous le dilapidons en dépenses
insensées; je déclare que nous nous ruinons en
prodigalités de temps inouïes, pour l'essayage
d'une robe, la délibération d'un ruban, la pose
d'une fleur, le choix d'une dentelle, la couleur
d'une pantoufle ou le dessin d'un éventail; je dé-

pends d'une ruche ou d'un nœud, je suis l'esclave
d'une paire de gants, la très-humble sujette des
longues combinaisons de ma couturière ; et l'heure
divine du matin est tout entière consacrée aux sa-
vantes répétitions générales de ma toilette du soir.

Ainsi, nous nous promenons dans la vie comme
des mannequins où s'étalent et se pavanent les
choses, et nous appartenons à ces choses corps et
âme, au lieu d'être des personnes raisonnables
nous servant seulement et promptement des choses,
et nous gardant bien de nous laisser absorber et
annihiler par elles.

La meilleure fortune ne résiste pas au désordre ;
aussi, ne tirons-nous point parti de notre intelligence, et faisons-nous banqueroute de nous-même.
Le capital s'en va en fantaisies futiles, et, à force de
donner aux détails secondaires, il ne nous reste
plus rien pour les nobles entreprises : les grandes
lignes de notre vie, la construction de nos œuvres,
l'édification de notre âme, et le haut couronnement
de notre pensée.

Cette considération de nos négligences m'effraie
de plus en plus ; et il ne faudrait pourtant qu'une
bonne résolution — sérieusement et sévèrement
tenue — pour resserrer les journées, les dégager
des soins inutiles, discipliner sa pensée, et ne point

l'éparpiller aux quatre vents du ciel comme une feuille vagabonde, sans respect pour la sève perdue, les fleurs sacrifiées, la récolte manquée des actions et des œuvres : ces fruits de l'âme, sa seule raison de vivre et d'être.

— Nous nous associons pleinement à cette boutade d'une femme, en révolte un jour contre elle-même; et nous répétons avec elle qu'il ne faudrait qu'un peu d'effort et de méthode, pour simplifier dans la vie les soins même nécessaires, et se gagner des réserves de temps qui profiteraient à la double culture du cœur et de l'intelligence. La femme n'est point une poupée, c'est un être humain qui possède sa part d'infini. Et, en vérité, il est par trop triste de tout abandonner aux soins du corps, sans prélever d'abord quelque chose pour les soins tout aussi sérieux de l'esprit et de l'âme.

☆

On parle toujours de *progrès*. Je voudrais qu'on s'entendît bien sur ce mot élastique. L'idée de Dieu étant absolue, l'idée du bien étant absolue, l'idée de conscience étant absolue, il n'y a pas de *progrès* proprement dit, concernant les choses immuables. Le mot de progrès emporte avec soi la signification d'accroissement et de développement.

Or, il n'y a d'accroissement et de développement que dans l'aptitude de l'homme à percevoir les vérités immuables. Celles-ci sont visibles ou invisibles à ses sens plus ou moins perfectionnés ; mais étant ce qu'elles sont, c'est-à-dire fixes dans leur intégrité parfaite, elles n'augmentent ni ne diminuent : il n'y a pas de progrès pour elles.

Donc, la science ne *progresse* pas ; c'est l'individu humain qui progresse dans sa capacité à découvrir ses lois. La morale ne *progresse* pas ; c'est l'individu humain qui progresse dans le détachement de soi qui l'amène à la pure vertu.

La vérité éternelle est un point fixe et lumineux, voilé seulement par les brouillards terrestres. La vérité ne marche pas. C'est l'œil de l'homme qui se dégage, et, suivant son plus ou moins de netteté intérieure, perçoit plus ou moins distinctement la clarté immobile.

Les siècles peuvent intercepter la lumière ; ils ne l'amoindrissent, ni ne la déplacent. D'où nous pouvons conclure avec l'évidence universelle que l'état de perfection pour l'homme, l'état bienheureux qui ne laisse subsister ni nuages ni vapeurs entre lui et la vérité, c'est la contemplation face à face avec l'idéal.

Les passions nous aveuglent, les petits intérêts

nous troublent: le *progrès* consiste à chasser ces intrus qui remplissent l'œil de l'homme et l'empêchent d'apercevoir, immobile, distinct, rassurant, consolateur et radieux, rayonnant dans le ciel immuable : Dieu!

☆

L'auteur s'arrête, ou plutôt met ici un signet à son livre. Ces pages sont le miroir de choses vues en passant sur cette terre de passage. Il est impossible — à une certaine heure de la vie — de ne pas regarder autour de soi. Le train express va vite; et pourtant on regarde. L'on regarde aussi, l'on regarde surtout en soi ; et le sentiment qui résulte de ces successifs paysages est éternellement et exclusivement celui-ci : sévérité pour soi, infinie bonté pour les autres!

Santé morale à tous! c'est-à-dire paix, fête et joie tout le long du voyage ! !

Sursum corda !

☆

Bêche le champ, ô travailleur,
Bêche le champ de la pensée!

Le ciel est sinistre aujourd'hui,
Un nuage accablant le voile :

Des ténèbres en plein midi !
Dans notre nuit pas une étoile !

Bêche le champ, ô travailleur,
Bêche le champ de la pensée !

La conscience humaine a peur,
La conscience humaine est trouble :
Qui secouera cette torpeur?
La prunelle humaine voit double !

Bêche le champ, ô travailleur !
Bêche le champ de la pensée !

Là-bas, là-bas, vers l'Orient,
Derrière les houles d'orage,
A travers les ombres du vent,
Une lumière se dégage. . . . .

Bêche le champ, ô travailleur !
Bêche le champ de la pensée !

Le vaisseau sur la grande mer,
Jouet des vagues en délire,
Lutte, morne, vaillant et fier ;
Qui viendra sauver le navire?

Bêche le champ, ô travailleur !
Bêche le champ de la pensée !

Qui saisira le gouvernail,
Dominant la tempête affreuse?
O Dieu ! tant d'esprits en travail,
Et pas une âme vigoureuse !

Bêche le champ, ô travailleur !
Bêche le champ de la pensée !

L'humanité ne peut périr,

Le vaisseau doit dompter les ondes ;
En marche tous vers l'avenir :
Et l'ancien et le nouveau mondes !

Bêche le champ, ô travailleur !
Bêche le champ de la pensée !

S'il pleut sur toi des traits aigus,
O songeur, doux et solitaire !
Travaille et travaille encor plus :
N'y prends pas garde, laisse faire !

Bêche le champ, ô travailleur !
Bêche le champ de la pensée !

FIN

TABLE DES MATIÈRES

Paris.—Imprimerie VIÉVILLE et CAPIOMONT, rue des Poitevins, 6.